그리스도 제자의 다섯 가지 기본 신념

(Five Basic Beliefs)

네비게이토 선교회는
국제적이며 복음적인 기독교 기관이다.
예수 그리스도께서는 자기를 따르는 자들에게
"너희는 가서 모든 족속으로 제자를 삼으라"
(마태복음 28:19)는 지상사명을 주셨다.
네비게이토 선교회는 세계 모든 국가에서
예수 그리스도의 일꾼들을 배가시켜
이 지상사명의 성취를 돕는 것을
근본 목표로 하고 있다.

네비게이토 출판사는
네비게이토 선교회의 문서 선교를 담당하고 있다.
본 출판사에서는 그리스도인의 영적 성장을 돕는
서적과 자료들을 출판하여,
그리스도인의 삶의 기초가 견고한
헌신된 제자로 성장하게 하고,
나아가 성숙한 인격과 지도력을 갖춘
일꾼이 되도록 돕고 있다.

저자: **하 진 승**
　　　한국 네비게이토 선교회 원로 회장

그리스도 제자의
다섯 가지 기본 신념
(Five Basic Beliefs)

하 진 승

TO KNOW CHRIST AND TO MAKE HIM KNOWN

차 례

그리스도 제자의 다섯 가지 기본 신념
(Five Basic Beliefs) 7

1. 지상사명
   (Great Commission) 11

2. 일꾼 배가
   (Multiplying Laborers) 29

3. 개인의 중요성
   (Importance of Individual) 43

4. 종의 도
   (Servanthood) 63

5. 탁월성
   (Excellence) 79

그리스도 제자의
다섯 가지 기본 신념
(Five Basic Beliefs)

우리 그리스도인들이 매일을 살아가면서 기억해야 할 여러 가지 성경적 원리와 신념이 있습니다. 하나님의 속성에 관한 내용들, 하나님의 구원의 섭리에 관한 것들, 믿음, 소망, 사랑, 그리스도인의 올바른 태도와 삶의 동기 등등 일일이 열거하기 어려운 많은 내용이 있습니다. 그중에서 특히 우리 각자가 그리스도의 제자로, 또한 일꾼으로 살아가며 그리스도의 몸 된 교회를 세워 가는 지체로 살아갈 때 우리 삶의 기초와 근간이 되는 기본적인 신념을 늘 기억하며 이에 합당한 삶을 사는 것이 매우 중요하다고 생각합니다. 그 여러 가지 신념 중 우리에게 우선적으로 중요한 다섯 가지 기본적인 신념에 대하여 생각해 보고자 합니다.

다섯 가지 기본 신념에 앞서서 먼저 생각할 것은 그리스도인의 모든 신념은 어디에 기초를 둔 것인가 하는 문제입니다. 그리스도인 삶의 근간이 되는 신념들의 기초는 무엇입니까? 그 토대가 되는 쌍둥이 기초석은 바로 예수 그리스도라고 하는 반석과 성경 말씀이라는 반석입니다. 이 두 반석과 같은 기초 위에 우리의 신념들이 세워지고 이에 따라 우리 개인의 삶과 그리스도의 몸이 세워지게 되는 것입니다.

그 두 개의 기초석 중 하나는 예수 그리스도이시라는 사실을 에베소서 2:20에서 확인할 수 있습니다.

> 너희는 사도들과 선지자들의 터 위에 세우심을 입은 자라. 그리스도 예수께서 친히 모퉁잇돌이 되셨느니라.

이 말씀에서 누가 우리 믿음의 모퉁잇돌이 되셨다고 기록되어 있습니까? 바로 예수 그리스도께서 친히 우리의 모퉁잇돌(cornerstone, 주춧돌), 즉 기초석이 되셨다고 했습니다.

그리고 또 하나의 기초석(모퉁잇돌)은 하나님의 말씀입니다. 요한복음 17:17 말씀을 읽어 보겠습니다.

저희를 진리로 거룩하게 하옵소서. 아버지의 말씀은 진리니이다.

성경 말씀은 바로 아버지 하나님의 말씀이며 이 하나님의 말씀인 성경은 진리의 말씀이라는 것을 기록하고 있습니다. 또 마태복음 7:24을 보면 "그러므로 누구든지 나의 이 말[말씀]을 듣고 행하는 자는 그 집을 반석[기초석] 위에 지은 지혜로운 사람 같으리니"라고 말씀하셨습니다(참고, 누가복음 6:48).

그래서 우리는 어떤 위대한 사람의 생각을 기초로 하여 이 다섯 가지 기본적인 신념을 세우는 것이 아니고, 또는 어떤 종교적인 무엇을 기초로 하여 그 위에 우리 신념을 세워 놓는 것이 아니라, 예수 그리스도와 하나님의 말씀이라고 하는 이 두 기초 위에 다섯 가지 신념의 기둥과 골격을 세워서 집을 짓는 것입니다.

이제 그리스도의 제자로 살고자 하는 우리 그리스도인에게 우선적으로 중요한 다섯 가지 기본적인 신념에 대하여 생각해 보고자 합니다.

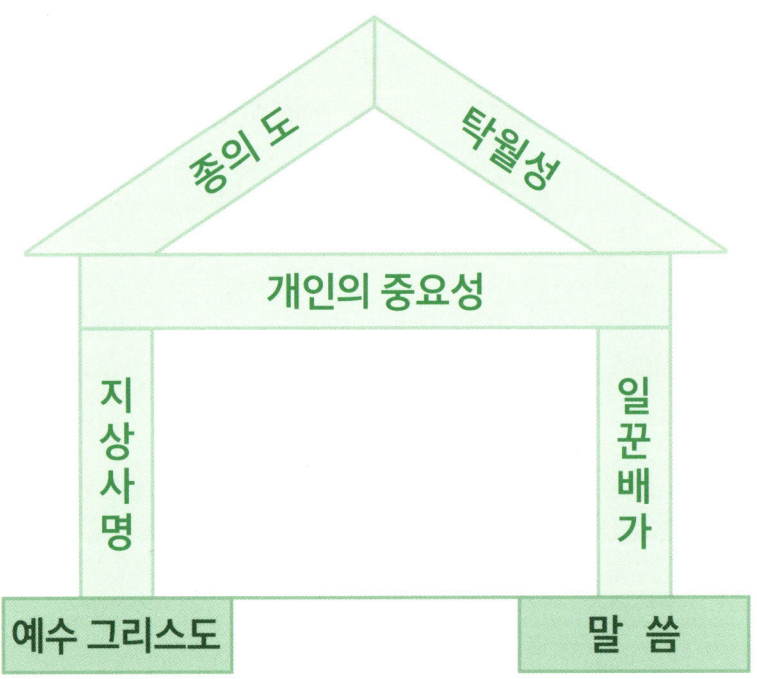

1
지상사명
(Great Commission)

첫째 기둥이 되는 신념은 지상사명(至上使命, Great Commission)입니다. 지상사명, Great Commission이란 최고의 사명, 혹은 최대의 사명이라는 의미입니다. 우리의 첫째 기본적인 신념이 되어야 하는 것은 하나님께서 우리에게 주신 바로 이 최대의 사명인 지상사명입니다. 예수님께서는 부활하신 후 세상을 떠나서 승천하시기 직전에 아주 중요한 일을 우리에게 사명으로 주셨는데 이것이 우리의 지상사명입니다.

그런데 이 지상사명, Great Commission에서 commission의 의미가 무엇입니까? 그것은 자기 일을 다른 사람에게 대신하도록 넘겨주는 것을 말합니다. 이 commission의

의미는 어떤 명령과는 좀 다릅니다. 자기가 평소에 하던 일의 내용이나 권한이나 그 무엇을 다른 사람으로 하여금 할 수 있도록 넘겨주는 것입니다. 그가 할 수 있다는 것을 신뢰하고 책임감을 가지고 그 일을 할 수 있도록 맡기는 것, 곧 위탁 또는 위임하는 것을 의미합니다. 주인이 종에게 일방적으로 '너는 이것을 해라' 하고 명령하는 것과는 좀 차이가 있습니다. 그러므로 이 지상사명은 하나님께서 자기 일을 우리에게 넘겨주셔서 우리로 하여금 그 일을 계속하도록 위임하고 위탁하신 것을 의미합니다. 우리 모든 그리스도인은 이와 같은 위임장을 예수님으로부터 받았는데, 그것은 우리가 잘 아는 마태복음 28:19-20 말씀에 있습니다.

"그러므로 너희는 가서 모든 족속으로 제자를 삼아, 아버지와 아들과 성령의 이름으로 세례를 주고, 내가 너희에게 분부한 모든 것을 가르쳐 지키게 하라. 볼지어다. 내가 세상 끝 날까지 너희와 항상 함께 있으리라" 하시니라.

이 말씀에서 바로 하나님께서 우리에게 주신 위대한 최고의 사명이 있다는 것을 깨달을 수 있습니다. 이 19-20절 말씀은 크게 두 가지 내용으로 요약할 수 있습니다. 첫째는 복음을 전하는 일입니다. 잃어버린 영혼을 찾아 그를 살릴 수 있는, 즉 그에게 생명을 줄 수 있는 이 복음을 전하는 것입니다. 그다음 둘째는 이 복음을 받고 영원한 생명을 얻은 사람을 말씀으로 세워 주는 일, 즉 그가 진리 가운데서 성장하여 제자가 될 수 있도록 세워 주는 일입니다. 이 두 가지가 이 말씀의 요약이라고 볼 수 있습니다. 이 중에 어느 한 가지만 중요하다고 할 수 없습니다. 하나님께서는 우리에게 이 두 가지를 맡겨 주시고 우리가 이 두 가지 일을 계속해 나가도록 부탁하신 것입니다.

그런데 오늘날 한 가지 크게 잘못되어 있는 것을 보게 되는데, 그것은 많은 그리스도인들이나 그리스도인 단체들이 숫자에 대한 관심에 치우쳐 있다는 것입니다. 몇 명이 동원된 집회냐, 얼마나 많이 모이는 교회냐, 그 수양회에는 몇 명이 참석했느냐 이런 것에 주로 관심이 치우쳐 있는 것입니다. 그러나 주님께서는 그런 많은 숫자보다도 과연 누가 믿고 순종하는지에 대해, 또 복음을 받은 사람들 중에서 그들이 어떻게 주님의 제자로 성장하도록 세워지고 있는지 이런 것에 관심이 많으시다는 것입니다.

마태복음 5:14-15에서 예수님께서 이렇게 말씀하셨습니다.

너희는 세상의 빛이라. 산 위에 있는 동네가 숨기우지 못할 것이요, 사람이 등불을 켜서 말 아래 두지 아니하고 등경 위에 두

나니, 이러므로 집 안 모든 사람에게 비치느니라.

이 말씀에 하나님께서는 우리가 어떤 사람, 어떤 그리스도인이 되기를 원하시는지가 나타나 있습니다. 하나님의 관심은 우리가 세상에 빛으로 나타나는 그리스도인들이 되는 것입니다. 이렇게 세상에 빛으로 나타나는 사람이 누구냐 하면 바로 '제자'입니다. 우리는 숨어 있는 그리스도인, 자기의 빛을 말 아래 감춰 둬서 빛을 가리는 그리스도인이 아니라, 등경 위에 두어서 집 안에 있는 모든 사람에게 비칠 수 있는, 즉 주위에 있는 모든 사람에게 그 빛을 비치게 할 수 있는 그런 제자가 되고, 또한 다른 그리스도인들로 하여금 그런 제자가 되도록 세워 줄 수 있어야 하는 것입니다.

성경에 나타난 한 예화를 통해서, 하나님께서 은혜를 받은 사람들이 어떠한 상태에 있기를 원하시는가에 대해 생각해 보기로 하겠습니다. 열왕기하 7:3-10 말씀을 읽어 보겠습니다.

3성문 어귀에 문둥이 네 사람이 있더니 서로 말하되 "우리가 어찌하여 여기 앉아서 죽기를 기다리랴? 4우리가 성에 들어가자고 할지라도 성중은 주리니 우리가 거기서 죽을 것이요 여기 앉아 있어도 죽을지라. 그런즉 우리가 가서 아람 군대에게 항복하

자. 저희가 우리를 살려 두면 살려니와 우리를 죽이면 죽을 따름이라" 하고, 5아람 진으로 가려 하여 황혼에 일어나서 아람 진 가에 이르러 본즉 그곳에 한 사람도 없으니, 6이는 주께서 아람 군대로 병거 소리와 말 소리와 큰 군대의 소리를 듣게 하셨으므로 아람 사람이 서로 말하기를 "이스라엘왕이 우리를 치려 하여 헷 사람의 왕들과 애굽 왕들에게 값을 주고 저희로 우리에게 오게 하였다" 하고, 7황혼에 일어나서 도망하되 그 장막과 말과 나귀를 버리고 진을 그대로 두고 목숨을 위하여 도망하였음이라. 8그 문둥이들이 진 가에 이르자 한 장막에 들어가서 먹고 마시고 거기서 은과 금과 의복을 가지고 가서 감추고 다시 와서 다른 장막에 들어가서 거기서도 가지고 가서 감추니라. 9문둥이가 서로 말하되 "우리의 소위가 선치 못하도다. 오늘날은 아름다운 소식이 있는 날이어늘 우리가 잠잠하고 있도다. 만일 밝은 아침까지 기다리면 벌이 우리에게 미칠지니 이제 떠나 왕궁에 가서 고하자" 하고, 10드디어 가서 성문지기를 불러 고하여 가로되 "우리가 아람 진에 이르러 보니 거기 한 사람도 없고 사람의 소리도 없고 오직 말과 나귀만 매여 있고 장막들이 그대로 있더이다."

이 말씀에서, 지금 사마리아성에 있는 이스라엘 백성들은 아주 어려운 지경에 놓여 있는 것을 보게 됩니다. 이들은 지금 아람왕 벤하닷이 큰 군대를 동원하여 성을 에워싸고 있기 때문에 밖으로부터 어떠한 물자를 공급받을 수도 없고 안에서 밖으로 달아날 수도 없는 그런 위급 상태에 처해 있었습니다(참고, 열왕기하 6:24-25). 성안의 이스라엘 백성들은 먹을 것을 다 소비하고 나서 이제는 밖으로부터 식량과 필요한 물자를 공급받아야 되는데 그러한 통로가 전혀 없었습니다. 그래서 성을 포위하고 진을 치고 있는 이 아람 군대는 그 성안으로 구태여 쳐들어갈 필요도 없이 그저 성 밖에서 가만히 진 치고 앉아서 여유를 부리며 쉬고 놀고 즐기고 있었습니다.

성안의 이스라엘 백성들은 자기들이 가지고 있는 모든 양식은 물론 가축까지 다 먹고 그다음에는 심지어 군병들이 타고 다니던 말이나 나귀도 다 잡아먹었습니다. 나중에는 나귀 머리 하나에 은 80세겔씩 주고 사 먹어야 되었습니다. 마지막에는 그런 것까지도 다 떨어졌습니다. 열왕기하 6:26 이후에 보면 두 여인의 이야기가 나옵니다. 그런데 그 두 여인이 무슨 짓을 했느냐 하면 먹을 것이 없어서 자기들이 낳은 자식을 잡아먹는 지경이 되었습니다(28-29절). 어떻게 이런 끔찍한 일이 있을 수 있겠느냐 생각할지 모르지만 이것은 사실입니다. 사람이 극도로 굶주리고 위급해졌을 때 이처럼 인륜을 저버리고 잔혹하게 된 것입니다. 그들도 처음에는 그렇게 하고 싶은 마음이 없었겠지만 며칠을 굶어서 죽을 지경이 되었을 때 그렇게 변했을 것입니다.

이 두 여인은 이러다간 가만히 있어도 죽을 것인데, 그렇게 죽을 바에는 무슨 짓이든지 해서라도 한번 버텨 봐야 되겠다 생각하다 누구부터 시작할 건지 제비를 뽑게 되었고 그중의 한 사람이 졌습니다. 그래서 진 여인의 아이부터 먼저 잡아먹었습니다. 그다음에 이제 좀 허기를 채우니까 눈이 떠지고 그때부터 좀 제정신이 들고 양심의 가책을 받고 자기 자식 귀중한 줄 알게 되었습니다. 그래서 그다음에 남은 아이를 잡아먹으려고 할 때는 그 어미가 그것을 반대했습니다. 그러므로 두 여인이 한참 싸우다가 결국 왕 앞에 가서 판결을 받게 되는 일이 일어난 것입니다.

이렇게 자기 자식을 잡아먹을 만큼 끔찍하고 흉악한 일이 그 성안에 일어나고 있었던 것입니다. 그런데 오늘날 우리가 사는 세상은 어떻습니까? 별일 없어 보이는 이 세상인 것 같지만, 우리가 영적인 안목으로 보게 되면 지금 이 세상도 바로 자기 자식을 잡아먹는 그런 흉악한 짓과 다름없는 일들이 일어나는 비참한 영혼의 기근 상태에 있다는 것을 우리는 깨달아야 됩니다. 우리가 살고 있는 이 세상도 영혼의 기근 상태에서 영적 양식을 공급받는 그런 공급의 통로가 끊어져 있는 것을 볼 수 있습니다.

그래서 많은 사람들은 무엇이든지 잡아먹어서 그 기근을 해결해 보려고 애쓰고 있습니다. 영화를 통해서, 춤을 통해서, 술을 통해서, 심지어 마약을 통해서까지, 혹은 여행을 통해서, 학문을 통해서 등등 그 무엇인가에 비싼 돈을 지불하면서 자기 것으로 만들어서 영혼의 만족을 얻어 보려고 하지만, 그런 것으로는 영혼에 참만족이 없기 때문에 전전긍긍하고 있는 모습들을 우리는 주위에서 항상 보게 되는 것입니다. 참으로 비참한 모습입니다.

이사야 55:2 말씀을 읽어 보겠습니다.

너희가 어찌하여 양식 아닌 것을 위하여 은을 달아 주며 배부르게 못할 것을 위하여 수고하느냐? 나를 청종하라. 그리하면 너희가 좋은 것을 먹을 것이며 너희 마음이 기름진 것으로 즐거움을 얻으리라.

여기서 이스라엘 백성들에게 경고한 것이 무엇입니까? "너희가 어찌하여 양식 아닌 것을 위하여 은을 달아 주며 배부르게 못할 것을 위하여 수고하느냐?"라고 도전했습니다. 정말로 양식이 되지 못하는 것, 먹어도 배가 부르지 못한 것을 위해서 많은 사람들이 얼마나 많은 은을 달아 주고 금을 달아 주고 시간을 바치고 있느냐 하는 것입니다. 우리 주위에 그런 사람이 많이 있습니다. 나의 부모가 그렇고 동생이 그렇고 친척이 그렇고 친구들이 그와 같은 상태에 있다는 것을 우리는 직시해야 합니다. 우리는 영적 눈을 떠서 그런 실상을 바라볼 수 있어야 합니다.

그런데 지금 이 사마리아성에는 이처럼 굉장히 많은 사람들이 굶주림에 허덕이고 있었는데, 그때 그 성문 밖에는 그들보다도 오히려 더 비참한 문둥이 네 명이 있었습니다. 이 문둥이들은 평소에 이 성안에서 살지도 못하고 성 밖으로 쫓겨나 비참하게 살고 있었습니다. 하나님의 율법에 의하면 문둥이들은 다른 사람들, 즉 그가 비록 사랑하는 가족들이라도, 아내든 어머니든 아버지든 자기 자식이든 관계없이, 그들로부터 단절되고 성 밖으로 쫓겨나야 했습니다(참고, 민수기 5:2). 그래서 성 밖에 쓰레기를 버리는 골짜기나 굴속에서 쓰레기와 함께 떨어지는 몇 조각의 음식을 먹으면서 겨우겨우 지내야 했습니다. 그리고 자기에게 사람들이 가까이 오게 되는 일이 있으면, "나는 부정한 사람이오. 나는 부정한 사람이니 가까이하지 마십시오" 하고 소리치며 사람들을 외면하면서 일생을 살아가야 했습니다(참고, 레위기 13:45-46). 이렇게 너무나도 불쌍한 문둥이 네 명이 있었습니다.

그래도 과거에는 쓰레기 더미를 뒤지면서 거기서 몇 조각의 음식을 얻어먹을 수도 있었던 이 네 명의 문둥이들이 이제는 그런 것도 전혀 기대할 수 없는 환경에 처하여 곧 죽을 일밖에 없겠다고 생각되었습니다. 그런데 그들은 '기왕에 죽을 바에는 마지막으로 한번 무슨 시도라도 해 보고 죽자' 하는 생각을 하게 되었습니다. 그리하여 이들이 고심 끝에 결심한 것은 아람 군대의 진을 향해서 가 보자는 것이었습니다. '거기에서 그들이 우리를 죽이면 죽고, 만에 하나 음식을 주면 다행이고… 여하튼 마지막 우리가 할 수 있는 그 무엇을 해 보자' 하고서 최후의 용기를 내어 그리로 갔습니다 (참고, 열왕기하 7장).

그런데 그들이 아람 진영으로 가는 도중에 하나님께서는 엘리사를 통해서 약속하신 것과 같이 큰 군대의 소리를 아람 진 속에 나게 하셨습니다. 엄청난 병력이 몰려오는 듯한 요란한 병거 소리와 말 소리 및 큰 함성이 들리게 되었을 때, 그 아람 군대는 아주 혼비백산이 되었습니다. 아람 진영의 군사들은 틀림없이 이스라엘 백성들이 저 헷 사람이나 애굽 사람들에게 많은 금품을 주고 매수를 해서 원정 부대를 보낸 것이라 생각하여 충격과 공포에 사로잡히게 되었고, 그 결과 그들은 음식이든 말이든 무엇이든지 가지고 있던 보급 물자들을 하나도 챙길 겨를도 없이 그대로 두고 다 도망가 버렸습니다. 문둥이 네 명이 거기 도착했을 때는 먹을 것이 잔뜩 쌓여 있었습니다. 입을 것도 많이 있었습니다. 많은 보물이 거기에 고스란히 남겨져 있었습니다. 많은 가축도 그대로 거기에 남아 있었습니다. 이들 네 명의 문둥이들은 실컷 먹고 그 축복을 마음껏 누렸습니다.

이렇게 배고픔을 해결하고 다른 것들도 취할 만큼 취하고 누린 후에 이 네 명이 동시에 깨달은 사실이 무엇이었습니까? 열왕기하 7:9 이후에 문둥이들이 서로 말하였습니다.

우리의 소위가 선치 못하도다. 오늘날은 아름다운 소식이 있는 날이어늘 우리가 잠잠하고 있도다. 만일 밝은 아침까지 기다리면 벌이 우리에게 미칠지니 이제 떠나 왕궁에 가서 고하자.…

이들은, '자 이렇게 마음껏 잘 먹었으니 이제 남은 것들을 잘 챙겨 이번 기회에 일생 먹을 양식을 한번 확보해 놓자. 이번 기회에 일생 먹고 살 것을 챙겨 놓자!' 이렇게 생각하고 거기 있는 물자들을 짐승들 위에 잔뜩 실어 가지고 자기들이 평소에 살고 있던 골짜기 거처로 간 것이 아니었습니다.

그러면 그들은 무엇을 했습니까? 성에 들어가서 '거기에서 나귀 머리를 먹다가 나중에는 굶주려 죽어 가는 그 불쌍한 사람들, 자기 자식을 잡아먹어야 되는 그 불쌍한 사람들에게' 이 기쁜 소식을 전하자는 결심을 했습니다.

우리 그리스도인들도 이와 같은 비참한 상태에서 먼저 은혜를 받았습니다. 먹을 것이 못 되는 것을 먹고 살던 처지에서 이와 같은 풍성한 양식을 하나님의 은혜로 말미암아 먼저 받아 누리게 된 것입니다. 구원을 받고 하나님의 자녀가 되었고, 하나님의 모든 능력과 권세를 받았고, 하나님의 사명까지 받게 된 것입니다. 그러면 이렇게 은혜를 받은 자로서 마땅히 할 일은 무엇이어야 합니까? 우리가 누리기만 하는 것이 아니라, 다른 주린 사람들에게 가서 기쁜 소식을 전해야 됩니다.

문둥이들이 "오늘은 기쁜 소식이 있는 날이어늘 우리가 어찌 잠잠하고 있을 수 있느냐?"라고 말했습니다. 우리가 복음의 기쁜 소식을 받고 누리고 있으면, 하나님의 제자가 되어 축복을 누리고 있으면, '이 기쁜 소식을 내가 전하지 않고 어찌 가만히 있으랴? 가만히 있으면 나에게 화가 있을 것임이로라!'(참고, 고린도전서 9:16) 하고, 문둥이처럼 나아가는 것이 당연한 것입니다. 우리는 여기에 나온 네 명의 문둥병자들보다는 더 좋은 환경 가운데 있습니다. 그러나 우리는 과연 우리 자신에 대한 하나님의 사명을 어떻게 받고 있습니까? 우리는 더 큰 은혜를 받았습니다. 이 문둥이들은 굶주림에서 받은 구원이었지만, 우리는 육신의 굶주림이 아니라 영원한 영혼의 멸망으로부터 구원을 받았는데도 불구하고, 과연 우리는 그 축복을 다른 사람에게 나눠 주는 사명에 대하여 어떤 태도를 취하고 어떤 반응을 하고 있습니까? 이런 점을 살펴봐야 됩니다.

지금 내 가까운 친구에게 복음을 전하지 못하면, 내 이웃에게 전하지 못하면, 또 내 민족에게 복음을 전하지 못하면, 또 복음을 전하여 믿게 된 그들을 제자로 삼지 못하면, 우리가 어떻게 땅끝까지 가서 온 천하에 다니며 이 복음을 전하고 그들을 제자로 삼는 일을 할 수가 있겠습니까? 과연 여러분들과 나의 관심은 어디에 있는지에 대하여, 이 시간 하나님 앞에서 솔직하게 살펴봐야 됩니다. 마태복음 28:19-20에서 예수님께서 우리에게 그 사명을 분명하게 말씀해 주셨는데, 거기에 대해서 우리는 순종의 태도로 즉시 움직이고 있습니까?

아주 비참한 상황에 있었지만 그처럼 훌륭한 선택을 했던 문둥이 네 명의 좋은 예와는 반대로 하나님의 선지자였음에도 불구하고 주신 사명을 회피하고 실패하였던 경우도 있습니다. 한번 살펴보기로 하겠습니다. 요나서를 읽어 보면 요나는 불순종하는 선지자였습니다. 그는 많은 이스라엘 백성들 중에 특별한 선택을 받아서 하나님의 선지자가 되었습니다. 그리고 그는 하나님으로부터 사명을 받았습니다. "니느웨성에 가서 그들의 죄악을 고하고 회개할 것을 외치라!"라는 사명이었습니다.

그런데 그때 그는 어떻게 했습니까? 그는 도망을 갔습니다(참고, 요나 1:3). 욥바 항구에 가서 배를 슬쩍 타고 다시 스로 도망을 갔습니다. 자기가 도망가면 어디까지 도망가겠습니까? 하나님 앞에서 어디로 도망을 갑니까? 우리도 때로 하나님이 안 보실 것처럼, 아무 일도 없을 것처럼, 마치 사람의 눈을 피하듯이 하나님을 피해 어디로 도망가려고 하는 경우들이 있습니다. 그러나 결국 그는 붙들렸습니다. 하나님께서 아주 거센 풍랑을 일으키셔서 그가 탄 배가 난파되고 그래서 사람들이 다 죽게 될 그런 처지에 놓이게 됐습니다. 요나 자신은 자기가 탄 배가 왜 이렇게 폭풍을 만나게 되었는지 그 원인을 잘 알고 있었습니다. 거기 뱃사람들에게 그 사실을 고했습니다. "내가 불순종하기 때문에 이렇게 됐습니다." 이에 뱃사람들은 두려워하면서 그를 바다에 던져 버렸습니다.

그 순간 바다에 폭풍이 멈추었습니다. 큰 물고기가 와서 그를 삼켜 버렸습니다. 그는 3일 동안 물고기 뱃속에 있으면서 자기의 잘못을 알았습니다. 그 3일 후에 큰 물고기가 그를 바닷가에 토해 버렸을 때 그는 일어나서 니느웨 속으로 곧장 들어갔습니다. 거기에 가서 "사십 일이 지나면 니느웨가 무너지리라" 하고 외쳤습니다. 그들의 죄악을 고했습니다. 그리고 회개하라고 외쳤습니다. 하지만 그가 거기서 전도할 때 그의 마음은 그들이 구원받기를 원하는 것이 아니라 그들을 저주했고 도리어 그들이 멸망할 것을 원했습니다. 올바른 마음의 태도로 전하지 못했던 것입니다. 하기 싫은 일을 하나님이 하라고 하시니까 마지못해서 할 수 없이 한 것입니다. 그는 나쁜 말로 말해서 받은 사명을 면피용으로 해치워 버린 것이었습니다. 그가 왜 이렇게 했을까요? 아마 거기에는 나름의 이유들이 있었을 것입니다.

첫째로, 니느웨는 이방인들이 살고 있는 이방 사람들의 성이었습니다. 그래서 요나는 자기 민족 이스라엘 백성을 선택해 주신 하나님, 이스라엘 백성들만이 독차지하고 싶은 하나님, 이스라엘 백성의 소유와 같이 생각되는 이 하나님을 어떻게 이방인에게 전할 수 있겠느냐 하는 생각에 사로잡혀 있었습니다. 편협한 마음을 가지고 있었습니다. 그래서 싫어했습니다. 자신들만의 민족주의에 빠져서 다른 민족을 생각하고 사랑하는 마음이 없었습니다. 우리도 그와 같은 마음이 있을 수 있습니다. 내 친구, 내 친척, 내 민족, 또는 우리 기독교, 우리 선교회 이런 것은 생각하지만, 다른 사람들에게, 나와 관계없는 사람, 내가 무시했던 사람, 또는 나를 무시하는 사람, 그런 사람에게 복음을 전해야 되겠다는 이런 사명감이 없을 때가 종종 있다는 것입니다.

두 번째 이유로, 그는 아마도 '이렇게 어려운 곳에 가서 전해 봐야 뻔할 것이다. 믿지도 않을 것이고, 회개할 것 같지도 않은 죄악에 빠진 그들에게 가서 전해 봐야 무슨 소용이 있나. 그런 사람보다 좀 관심이 있는 사람, 무슨 얘기를 할 때 귀를 기울이는 그런 사람에게나 가서 전해야지' 하는 생각을 했을 것입니다. 그래서 그는 거기에 가기를 원하지 않았습니다. 그리고 그들을 미워했습니다. 그래서 그들에게 하나님의 심판에 대한 경고를 전하기는 했지만, 그들이 회개할 것을 바라고 기다리고 있었던 게 아니라 언덕 위에 초막을 지어 놓고 거기 자리를 잡고서는 하나님이 불 같은 심판을 내려 그 성이 멸망하는 것을 구경하려는 듯이 앉아 있었습니다. 이 죄악 된 자들이 어떻게 심판을 받고 멸망하는지 지켜보고 즐기려는 듯이 앉아 있었습니다(참고, 요나 4:5).

하나님은 그의 잘못된 마음을 아셨습니다. 그래서 아름다운 박 넝쿨이 하루아침에 갑자기 싹이 나고 자라서 초막 위를 덮게 했습니다. 그늘이 져서 아주 시원했습니다. 요나가

기분이 좋아 가지고 '야, 구경 한번 잘해 보겠구나!' 하고 앉아서 유유자적하고 있을 때 갑자기 하나님께서는 벌레를 보내셔서 그 하룻밤에 나서 자란 그 박 덩굴을 갉아 먹어서 다 시들어 죽게 하셨습니다(참고, 요나 4:7). 요나는 화가 났습니다. 하나님 앞에 신경질을 부리면서 "하나님이 어떻게 이렇게 하실 수가 있습니까?" 하고 불평을 했습니다.

하나님은 요나에게, "네가 이렇게 아무것도 아닌 박 넝쿨 하나가 없어진 것을 가지고 신경질을 부리고 화를 낼 정도로 귀하게 여겼다면, 저기에 앞길을 모르는, 영적으로 장님이 된 저 수많은 백성들을 내가 사랑하는 것은 너무나 당연하지 않느냐?" 하고 말씀하셨습니다(참고, 요나 4:9-11). 우리도 가지고 있던 아끼던 작은 만년필 하나 잃어버렸을 때 아깝지 않습니까? 자매들 경우 반지 하나 잃어버리면 아깝지 않습니까? 우리 모두 각자가 귀하게 여기는 무엇 하나 잃어버리면 아까운 것입니다. 어떤 사람은 며칠 동안 잠이 잘 안 올 수도 있을 것입니다. 그런데 과연 잃어버린 영혼에 대해서 나는 얼마나 안타까워하고 있느냐, 불쌍히 여기고 있느냐는 것입니다.

하나님은 잃어버린 영혼에 대한 사명을 우리에게 주셨습니다. 온 천하에 다니면서 그들에게 가서 복음을 전하고 그들을 말씀으로 세워서 제자로 삼으라는 이런 사명을 우리에게 주신 것입니다. 이 사명을 기억하고 성취하려는 것이 우리의 첫 번째 기본 신념이 되는 것입니다.

과연 우리 각자는 이것을 하나님께서 자신에게 주신 사명으로 믿고 헌신하겠는지에 대해 자신에게 물어보시기 바랍니다. 노트에 이 질문을 쓰고 스스로 질문에 답해 보십시오. 첫째, 이것을 하나님께서 나에게 주신 사명으로 믿고 헌신하겠는가? 둘째, 실제로 나는 오늘도 이 사명에 따라 복음 전하는 일과 제자로 세워 주는 일을 열심히 하고 있는가?

2
일꾼 배가
(Multiplying Laborers)

두 번째는, 일꾼을 배가(multiply)하는 것입니다. 여기 나오는 multiply라는 말은 '증식하다', '번식하다', '번성하다' 등의 다양한 의미를 포함하는 말이어서 우리말로는 한마디로 번역하기가 어렵지만, 그냥 증식하는 것이 아니라 기하급수적인 증가를 의미하는 '배가(倍加)'라는 표현을 사용하게 되었습니다. Multiplying Laborers는 이해하기 쉽게 '일꾼들 배가하기' 이렇게 표현할 수 있겠습니다. 우리는 잃어버린 영혼들을 하나님 앞에 인도하는 사명뿐만 아니라, 그렇게 주님께로 인도한 후 그들 중에 많은 사람들을 일꾼으로 세우는 사명도 받았는데, 이것은 우리의 두 번째 기초가 되는 신념입니다. 누가복음 10:2 말씀을 보겠습니다.

이르시되 "추수할 것은 많되 일꾼이 적으니, 그러므로 추수하는 주인에게 청하여 추수할 일꾼들을 보내어 주소서 하라."

또 마태복음 9:37-38도 읽어 보겠습니다.

이에 제자들에게 이르시되 "추수할 것은 많되 일꾼은 적으니, 그러므로 추수하는 주인에게 청하여 추수할 일꾼들을 보내어 주소서 하라" 하시니라.

예수님께서 이 땅에 계실 동안에 예수님의 마음 가운데에는 항상 큰 짐이 있었습니다. 그것은 이 세상에 참으로 수많은 영혼들이 있는데 그들을 인도할 수 있는 일꾼이 부족하다는 것이었습니다.

그래서 예수님은 혼자 나가셔서 열심히 전도하여 영혼들을 구원하는 일에만 열중하신 것이 아니라 그들을 인도하고 견고히 성장하도록 도와줄 수 있는 질적인 일꾼들을 세우는 일에 자기를 바치셨습니다. 일꾼의 필요를 우리도 절감해야 됩니다. 그런데 이런 일꾼의 필요를 절감하는 것은 우리 자신이 추수 대열에 동참하여 일해 보지 않고는 깨달을 수가 없습니다. 추수를 해 본 사람만이, '아, 일꾼이 정말 부족하구나. 너무나도 일할 수 있는 사람이 적구나!' 하는 것을 깨

닿게 되는 것입니다. 여기에 추수하는 일꾼이라는 것은 어떤 타이틀이 붙은 제도적인 사역자를 의미하는 것이 아니라 정말로 사람의 영혼의 필요를 실제적으로 채워 줄 줄 아는 사람을 의미하는 것입니다.

우리는 선교 지역이 없어서 일을 못 하는 게 아닙니다. 누군가 우리에게 해야 할 역할, 책임 및 직위를 나타내는 어떤 직책명을 주지 않아서 일을 못 하는 것이 아닙니다. 전도사, 목사, 장로, 팀 리더, 혹은 간사(staff) 등등 이와 같은 어떤 직위나 직책명을 받지 않았기 때문에 나는 일을 못 한다 변명할 수 없습니다. 하나님은 그렇게 우리에게 가르쳐 주시지 않았습니다. 또는 '나를 어느 특정한 선교 지역으로 보내지 않았기 때문에 일을 못 한다' 이럴 수 없습니다.

지금 서울의 인구만도 천만 명 가까이 되는데 그중에 교인 수는 20퍼센트가 채 안 되는 것으로 알고 있습니다. 나머지는 하나님과는 관계가 없는 사람들입니다. 그런데 이 중에서도 정말로 거듭난 그리스도인들은 더 적다는 것입니다. 이 교인 수는 대개 교회의 교인 명단에 올라간 사람들을 가리키는 것인데, 그중에 거듭난 사람은 너무나도 적고, 그 거듭난 사람들 중에서도 하나님의 일을 할 줄 아는 일꾼은 또 더욱 적다는 사실입니다. 우리가 서울만 바라보아도, '아, 일꾼이 정말 적구나!' 하는 것을 실감하게 되는데, 이런 상황을 하나님께서 내려다보시고 우리에게 요구하시는 게 무엇이냐 하면 바로 추수할 일꾼이 되라는 것입니다. 먼저 자신이 추수하는 일꾼이 될 뿐만 아니라 또한 다른 사람들을 추수할 일꾼으로 삼는 일에 자기 자신을 바치라는 겁니다. 그리고 또한 추수할 일꾼들을 보내 주시도록 기도하라고 당부하였습니다.

그뿐만 아니라 우리는 일꾼을 배가하는 비전을 가져야 됩니다. 이 비전은 이 같은 일꾼의 필요를 인식하고 이 일꾼들을 계속 기하급수적인 증가를 통해서 세워 나가는 것입니다. 이것은 우리가 사람의 아이디어로 만든 선교 방법이 아닙니다. 네비게이토에서 고안해 낸 그런 선교 방법이 아니라 하나님의 말씀이 가르쳐 주고 있는 것입니다. 창세기 1:28(KJV)에 보면 하나님께서 아담을 창조하신 후에 그에게 생육(be fruitful)하고 번성(multiply)하여 땅에 충만하라(replenish the earth)고 명하셨습니다. 인간에게 처음으로 축복해 주신 것이 바로 이 번성(multiply) 즉 배가하는 것이었습니다. 그러나 인간의 죄로 말미암아 이 번성이 오히려 큰 짐이 되어 버리고 말았습니다.

그러나 하나님께서 이제 그리스도 안에서 새롭게 번성(multiply)하는 축복을 주셨는데, 그것이 바로 영적인 일꾼을 배가해 나가는 것입니다. 주님께서는 처음에 베드로, 야고보, 요한 이 세 사람을 일꾼으로 세웠습니다. 그다음에 그들뿐만 아니라 12명, 그다음에 70명, 또 사도행전에 보면 3천 명, 그다음에 5천 명, 이렇게 계속해서 증가해 나가는 것을 볼 수가 있습니다. 그런데 사도행전 6장 이후를 보면 수가 적혀 있지가 않습니다. 수를 쓸 수가 없습니다. 왜냐하면 너무나도 많은 수가 되기 때문에 그것을 다 계산할 수가 없었습니다. 그래서 그냥 사도행전 6:1을 한번 보면 그 표현을 찾아볼 수가 있습니다.

그때에 제자가 더 많아졌는데….

제자의 수가 어떻게 되었다고 했습니까? "더 많아졌는데…"라고 했습니다. 우리말에는 그냥 '더 많아졌는데'로 표현되어 있는데, 영어 성경(KJV)에 보면 제자의 수가 배가(multiply)되었다고 하였습니다("the number of the disciples was multiplied…").

사도행전 12:24에 보면, "하나님의 말씀은 흥왕하여 더하더라"라고 했습니다. 하나님의 말씀이 흥왕하여 더하였다고 했는데, 영어 성경(KJV)에는 하나님의 말씀이 배가(multiply)되었다는 것입니다("But the word of God grew

일꾼 배가 33

and multiplied"). 기하급수적으로 증가, 즉 배가했습니다. 그러면 하나님의 말씀이 배가되었다고 하는 말은 무슨 뜻이 겠습니까? 모세 5경이 10경이 되고 20경이 되고 그랬다는 말일까요? 아니면 4복음서가 8복음서가 되었다는 말일까요? 그런 것이 아니라 이 말씀을 전하는 사람의 수, 하나님의 말씀을 전하는 일꾼의 수가 배가되었다는 말입니다. 이렇게 일꾼들이 계속 배가(multiply)되어 나가는 것을 우리는 성경에서 찾아볼 수가 있습니다. 이사야 60:22 말씀을 읽어 보겠습니다.

그 작은 자가 천을 이루겠고 그 약한 자가 강국을 이룰 것이라. 때가 되면 나 여호와가 속히 이루리라.

여기 그 작은 자, 즉 아무것도 아닌 것같이 보이는 그 작은 한 사람이 천을 이루고, 그 약한 자 한 사람이 강국을 이루게 되는 약속을 우리에게 보여 주신 것입니다.

또 누가복음 19:12-26에서, 주님께서 한 가지 이야기를 우리에게 허시는데, 그 이야기의 핵심 내용은 일꾼을 배가하는 것에 대한 주님의 관심을 우리에게 명확하게 보여 주시는 것입니다. 거기에 보면 한 귀인이 이제 왕권을 얻기 위해서 어느 나라로 가면서 자기 종들에게, 즉 10명의 종에게

은 1므나씩 주면서, "그것을 가지고 내가 돌아올 때까지 열심히 장사를 해서 많은 이익을 남겨라" 이렇게 부탁하고 떠났습니다. 어느 날 주인이 돌아왔습니다. 한 종은 그걸 가지고 10배를 남겼습니다. 어떤 종은 5배를 남겼습니다.

그런데 어떤 종은 그것을 배가(multiply)한 것이 아니라 보자기에 싸서 가만히 보관해 두었습니다. 그 결과는 어떻게 되었는지 여러분도 잘 아실 것입니다. 그는 "악하고 게으른 종아!"(참고, 마태복음 25:26)라고 하는 꾸중을 받았습니다. 여기에서 주님의 마음은 우리가 하나님의 은혜를 받았으면 그 은혜를 다른 사람에게 전하고 그 사람이 또 다른 사람에게 전하고, 전한 사람이 또 다른 사람에게 전하는 이와 같은 기하급수적인 증가를 할 수 있는 사람을 만드는 데 큰 관심이 있으시다는 것을 보여 주십니다.

디모데후서 2:2 말씀을 보겠습니다.

> 또 네가 많은 증인 앞에서 내게 들은 바를 충성된 사람들에게 부탁하라. 저희가 또 다른 사람들을 가르칠 수 있으리라.

이 말씀에서는, 이 사람 저 사람 만나는 대로 아무에게나 '내게 들은 바'를 부탁하라고 하지 않고, 충성된 사람에게 부탁해서 그 충성된 사람이 또 다른 사람을 붙들고 그를 세워 주고, 그에게 또 자기가 한 것과 똑같은 일을 할 수 있도록 하는 일, 즉 일꾼을 배가해 나가는 것을 가르쳐 주십니다. 여기서 일꾼 배가의 비전을 찾아볼 수가 있습니다.

서울 서대문구에 있는 안산 남쪽 산자락의 동네 이름이 대신동인데 우리 가족이 오래전에 그곳 버스 종점 근처에서 살았던 적이 있습니다. 그때 성산대로로 연결되는 도로를 만들기 위해서 그 산 밑을 통과하는 금화터널을 뚫는 공사를 하는 것을 가끔 올라가서 보곤 했습니다. 처음에 일할 때 어떻게 했느냐 하면 많은 사람들, 수백 명의 사람들이 모여 가지고 망치, 곡괭이, 삽 등 연장을 들고 와서 닥치는 대로 이리 치고 저리 치고 파고 깨고 하는 일을 하지 않았습니다. 그렇게 복잡하지 않게 몇 사람이 와서 계속 지반이나 암반에 구멍을 먼저 뚫은 후에 그 속에 화약을 집어넣고 폭파시킴으로 굴착해 나가는 것이었습니다. 한꺼번에 많은 사람이 와서 일하지 않기 때문에 뭐 그렇게 떠들썩하게 일하는 것 같지 않았습니다. '저렇게 해 가지고 저 터널을 언제 뚫을까?' 이런 생각이 들 정도로 적은 수의 사람들이 와서 일하고 있었으나 그들이 구멍들을 뚫고 거기에다가 화약을 넣어서 폭파하는 것으로 말미암아 수백 명이 한꺼번에 달려들어서 일을 한 것과는 비교할 수 없는 더 큰 일을 해냈던 것입니다. 이것이 바로 우리에게 하나님의 성경 말씀이 주시는 비전인 것입니다.

우리의 맨투맨 교제가 바로 구멍 파는 것과 같은 것입니다. 맨투맨으로 앉아서 교제하는 것, 즉 한 사람 붙들고 과일 몇 조각을 먹거나 음료수 한 잔을 마시면서, 혹은 라면 한 그릇을 먹으면서 이야기하고, 밤늦게까지 말씀을 나누는 시간을 보내고 하는 이런 일이 바로 터널 공사의 구멍 뚫는 것과 같은 일입니다. 그러나 이런 데에 관심 있는 사람이 너무나도 적습니다.

적어도 '지도자라면 20~30명씩은 데리고 이끌어 나가야지 겨우 2~3명 데리고 있으면, 내가 하는 일이나 나에 대해 남들이 어떻게 생각할까?' 이런 것을 의식할 필요가 없습니다. 금화터널을 만드는 일에서, 한꺼번에 수백 명의 인원을 동원하여 요란하게 망치 소리가 나고 곡괭이질, 삽질 소리가 나고 이렇게 해야 일을 하는 것이지, 가만히 몇 사람 와서 구멍이나 뚫고 있으면 이것이 어떻게 거대한 터널을 만드는 일이냐고 할 수 있겠지만, 그렇게 생각하는 사람은 크게 오해하는 것이 되는 것처럼 조용히 구멍 뚫는 것과 같은 비전을 가지고, 한 사람의 충성된 일꾼을 키우기 위해서 나의 모든 것을 바치는 것을 아까워하지 아니하고

한 사람을 데리고 성경공부를 하고 그 한 사람과 함께 다니면서 전도도 하고 가르치는 그것을 부끄러워하지 않고 해야 합니다. 이런 비전과 확신을 가지고 있는 사람에게 이런 역사가 일어납니다.

대부분 이미 잘 알고 있는 예화지만, 장기판의 첫 칸에 팥 한 알을 놓고 그다음 두 번째 칸에는 2알, 세 번째 칸에는 4알 놓고 이런 식으로 하면 72번째 되는 마지막 칸에 얼마나 많은 팥을 놓을 수 있겠습니까? 그것을 어떤 사람이 계산해 보니까 인도 전체를 두툼하게 다 덮을 수 있는 정도의 어마어마한 양의 팥이 필요하다고 하였습니다. 이게 믿어집니까? 그러나 그것은 사실이라는 것입니다. 이 믿음을 가진 사람에게는 이것이 일어나는 것입니다. 그러나 이 믿음이 없고 의아하게 생각하고 그런 일이 있을 수 있을까 이렇게 생각하는 사람에겐 그 일이 일어나지 않는 것입니다.

우리 중에는 캠퍼스 형제 자매들이 많이 있는데, 캠퍼스에 가 보면 네비게이토 말고도 다른 기독교 모임들이 많이 있습니다. 교회에서도 많이 옵니다. 그런데 그들이 주로 하고 있는 것은 큰 대중 집회입니다. 찬송 부르고, 초빙한 유명한 강사가 설득력 있게 하나님의 말씀을 전하고 하면 굉장히 많은 사람들이 모여들고 있는 것을 볼 때 거기에 마음이

끌리기가 쉽습니다. 물론 이런 모임도 필요하고 도움도 됩니다. 그런데 이런 큰 모임에 비하여 네비게이토 교제를 보면, '아 이거, 우리는 뭐 하는 건가?' 하는 생각이 들 수 있습니다. 서울의 한 캠퍼스에 가 보면 네비게이토 형제들 두어 명이 실내 한 편에 앉아서 성경 암송 점검하고 같이 기도하고 그러는 것을 보는데, 거기에서 아무 일도 일어나는 것 같지 않습니다. 그래서 여기서 이렇게 하고 있는 것보다 더 좋은 것이 있지 않을까 하며 생각이 왔다 갔다 하는 그런 사람에게는 이런 일이 일어나지 않습니다. 그러나 비록 당장은 별일이 안 일어나는 것 같아도 영적 폭발을 일으킬 구멍을 파는 그것이 정말 중요하다는 사실을 믿는 사람에게는 이 일이 반드시 일어나는 것입니다.

주위에서 일어나는 일에 스스로 속는 사람들이 많이 있습니다. 그러나 우리는 주변 환경이 우리 자신을 속이게 해서는 안 됩니다. 옛날 대학교 다닐 때 듣던 우스운 농담이 있는데, 좀 오래된 것이긴 하지만 우리에게 여전히 교훈이 될 것 같아서 이야기하고자 합니다. 어떤 사람이 저 영등포역에서 전차를 타고 동대문까지 가려고 했습니다. 물론 지금은 전차가 없어졌지만 오래전 전차가 다닐 때의 이야기입니다. 동대문에는 12시까지 도착해야 했습니다. 그런데 그가 전차를 타고서 노량진쯤 갔을 때 다른 사람의 손목시계를 보니까 12시가 되었습니다. 깜짝 놀랐습니다. 조금 더 가서 화신 백화점 근처쯤 와서 보니까, 그때 실제로는 11시 40분이었는데, 누구 시계를 보니 11시 30분인 겁니다. 그래서 이 사람이 깜짝 놀라 가지고 '아이쿠야, 내가 방향을 잘못 잡았구나!' 이렇게 생각하고 허겁지겁 내려서 반대 방향 전차로 바꿔 타고 다시 돌아갔다고 했습니다.

실제로 그럴 사람이 없을 것 같지만, 영적인 일에 있어서는 그런 사람이 굉장히 많이 있습니다. 여러분들이 동대문을 가는 데는 그런 실수를 하는 사람이 없겠지만, 하나님의 사명을 따라 사는 영적인 일에 있어서는 그런 사람이 많이 있습니다. 주위에 있는 그 환경에 스스로 속아서 그 일을 믿지 못하게 되는 것입니다.

나는 얼마나 자주 속아 왔는지 나 자신을 가만히 생각해 보아야 합니다. 오늘은 몇 번이나 속았는지, 어제는 몇 번이나 속았는지? 주위에 있는 그 무엇 때문에 하나님께서 주신 사명, 즉 제자를 삼고 일꾼을 배가(multiply)하는 이 비전이 하나님께서 주신 가장 값진 비전이라는 것을 믿지 못하게 방해하는 그 환경에서 나는 몇 번이나 실패하고 있었는지 살펴봐야 됩니다.

적용에 도움이 될 만한 질문 두 가지를 드리고자 합니다.

첫째, 나는 지금 영적인 디모데가 있는가? 다시 말하면, 나는 지금 일꾼을 배가하고 있는지 돌아보는 것입니다.

둘째, 이에 대한 나의 새로운 계획은 무엇인가?

개인적으로 주님께 기도하면서 일꾼 배가를 위한 삶을 일생 동안 흔들림 없이 지속하도록 새로운 결심과 계획을 세워 보시기 바랍니다.

3
개인의 중요성
(Importance of Individual)

과연 한 개인 한 개인이 얼마나 중요하다고 생각하십니까? 한 사람의 가치는 과연 얼마나 될까요? 1967년에 월남전 기사를 쓴 레지널 와이트라고 하는 사람이 한 보고에 의하면 월남 사람들이 어떤 큰 폭발 사고로 갑자기 많이 죽었는데 그들에게 지불한 값이 겨우 33불밖에 되지 않는다고 하였습니다. 한 사람의 생명에 대한 대가를 33불씩 주고 해결을 했다는 사실을 기록하고 있습니다. 그러면 모든 사람들이 이처럼 33불의 가치밖에 되지 않습니까?

비슷한 시기에 미국의 정보 선박인 리버티호라고 하는 배가 이스라엘군의 로켓과 어뢰 공격으로 폭파되고 거기에 타고 있는 승무원들 중에서 많은 사상자가 났는데 그들을 위해 지불한 값은 달랐습니다. 얼마냐 하면 개인당 10만 불씩 지불했다고 합니다. 그래서 비슷한 사고로 미국 사람이 죽은 생명에 대한 대가와 월남 사람이 죽은 생명의 대가는 엄청나게 차이가 났습니다. 또 어떤 과학자는 우리의 몸에 대해서 그 값을 평가하기를 5불밖에 되지 않는다고 했는데, 그것은 아마도 물질로서의 가치만 보고 그렇게 이야기한 것 같습니다. 그래서 사람들은 각기 나름대로 사람들을 돈으로 환산하여 그 가치를 여러 가지로 평가하는 것을 볼 수가 있습니다.

그러면 과연 내 자신의 가치는 얼마나 되겠습니까? 만약 내가 어떤 사고로 이 세상을 떠난다면 나에 대해서 얼마를 사람들이 지불해 줄 것인가? 이런 것을 가만히 생각해 보면 허무하게 느껴질 수도 있습니다. 사람은 자기 자신이 사람이지만 사람에 대한 가치를 잘 모르고 있습니다. 그러나 사람을 창조하신 하나님께서는 이 사람에 대한 가치를 엄청나게 평가하고 계십니다. 마태복음 16:26에 보면 하나님께서 사람의 가치를 어떻게 평가하고 계시는지 알 수 있습니다. 이 구절 말씀을 함께 찾아보겠습니다.

사람이 만일 온 천하를 얻고도 제 목숨을 잃으면 무엇이 유익하리요? 사람이 무엇을 주고 제 목숨을 바꾸겠느냐?

온 천하를 준다고 해도 바꿀 수 없을 만큼 이 생명은 귀중한 것이라고 하나님께서 친히 그 가치를 말씀해 주셨습니다. 하나님께서 나 자신을 이처럼 귀하게 여겨 주시는 것으로 말미암아 나는 내 삶에 보람과 만족을 느끼고 내 가치로 말미암아 하나님께 감사하게 되는 것입니다. 그러면 하나님께서는 왜 우리를 그처럼 가치 있게 여기시는가? 하나님은 왜 우리를 이렇게 값비싸게 평가하시는가에 대하여 생각해 보겠습니다.

첫째는, 우리는 하나님이 친히 자기 형상을 따라 창조하신 인격체이기 때문에 가치가 있습니다. 우리는 사람이 만든 기계나 물건이 아니라 하나님의 창조물이기 때문에 그 가치는 무궁무진하게 비싸다는 것입니다. 어느 미술대학교에 다니는 학생이 그린 작품과 그 미대 교수가 그린 작품과, 또 한국의 대가가 그린 그 작품은 가격의 차이가 엄청나게 다릅니다. 더 나아가서 하나님께서 친히 창조하신, 게다가 자기의 형상을 따라서 지은 그 인간의 가치는 우리가 말로 표현할 수 없고 돈으로 환산할 수 없는 엄청난 가치가 있는 존재인 것을 알아야 됩니다. 자기에 대해서 그처럼 확실한 가치 평가를 할 줄 알아야 되고, 또한 다른 사람에 대해서도 그처럼 귀중한 가치가 있다는 것을 알아야 됩니다.

둘째로, 예수님이 각 사람을 위해서 고귀한 피 값을 지불해 주셨기 때문에 가치가 있습니다. 금이나 은같이 없어질 것으로 우리를 구속하신 것이 아니라 가장 보배로우신 예수님의 보혈로 값을 지불하시고 우리를 사셨습니다. 그렇기 때문에 우리는 무엇보다도 비교할 수 없는 값진 존재라는 것을 알아야 됩니다.

셋째로, 우리는 서로를 필요로 하므로 가치가 있습니다. 우리 모두는 다 각각 하나님 앞에서 받은 은사가 있습니다. 한 몸에는 여러 지체들이 있는데, 이 중의 어느 하나라도 빠지면 그 몸은 정상적으로 움직일 수가 없습니다.

그리스도의 몸 된 교회 안에서 우리는 각각의 지체이며 성령으로 말미암아 받은 서로 다른 은사를 가지고 있기 때문에 우리는 서로를 필요로 할 줄 알아야 되고, 또한 그 필요를 느낄 때에 우리는 상대방에 대한 가치를 이해하게 됩니다. 고린도전서 12:21-27을 읽어 보겠습니다.

²¹눈이 손더러 내가 너를 쓸데없다 하거나 또한 머리가 발더러 내가 너를 쓸데없다 하거나 하지 못하리라. ²²이뿐 아니라 몸의 더 약하게 보이는 지체가 도리어 요긴하고, ²³우리가 몸의 덜 귀히 여기는 그것들을 더욱 귀한 것들로 입혀 주며, 우리의 아

름답지 못한 지체는 더욱 아름다운 것을 얻고, ²⁴우리의 아름다운 지체는 요구할 것이 없으니, 오직 하나님이 몸을 고르게 하여 부족한 지체에게 존귀를 더하사, ²⁵몸 가운데서 분쟁이 없고 오직 여러 지체가 서로 같이하여 돌아보게 하셨으니, ²⁶만일 한 지체가 고통을 받으면 모든 지체도 함께 고통을 받고, 한 지체가 영광을 얻으면 모든 지체도 함께 즐거워하나니, ²⁷너희는 그리스도의 몸이요 지체의 각 부분이라.

그리스도인의 모임이 있을 때 그들 앞에 나와서 설교를 하는 그 사람만 중요한 것이 아니고, 거기에서 사회를 하는 그 사람만 중요한 것이 아니라, 앉아서 듣는 각 사람도 중요한 것입니다. 그리스도인 모두는 다 똑같이 중요하며 또 서로를 필요로 할 줄 알아야 하는 것입니다.

넷째로, 각 개인은 하나님의 축복을 전달하는 통로이기 때문에 하나님께서는 가치 있게 여기십니다. 하나님은 아브라함을 들어서 그로 하여금 하나님의 놀라운 축복을 전달해 주는 통로로 사용하셨습니다.

창세기 22:18에 보면, "또 네 씨로 말미암아 천하 만민이 복을 얻으니, 이는 네가 나의 말을 준행하였음이니라"라고 하였는데, 여기서 '네 씨로 말미암아'(너로 인하여)는 다른 말로 표현하면 '너의 자손을 통하여'(너를 통로로 사용하여)라고 할 수 있습니다. 그래서 아브라함을 통하여 땅에 있는 온 족속이 축복을 받으리라고 하셨습니다. 그래서 다른 사람이 아브라함에 대해서 무엇이라고 생각하든 관계없이, 또는 아브라함 자신이 자기에 대해서 어떻게 생각하는지와 관계없이, 하나님은 아브라함 이 한 사람을 아주 가치 있게 여기셨고 그를 축복의 통로로 사용하셨던 것입니다. 그렇기 때문에 아브라함이 불순종하거나 자신이 하나님의 축복의 통로라는 확실한 신념을 가지고 살지 못했다면, 그는 하나님의 은혜를 막아 버리는 그런 잘못을 범하게 되었을 것입니다.

세례 요한은 마태복음 11:10에 보면 하나님께서 보낸 자라고 했습니다. 하나님이 그를 부르시고 사용하셔서 하나님의 축복을 전달해 주는 통로로 쓰셨다는 것입니다. 그러므로 그런 사람, 즉 세례 요한 같은 사람이 없으면, 하나님의 축복의 통로가 없기 때문에 축복이 전달되지 않는다는 것을 우리는 알아야 합니다. 아브라함이나 세례 요한만이 그런 것이 아니라 우리 모두는 똑같이 하나님의 축복을 다른 사람에게 전달해 주는 통로가 되기 때문에 대단히 중요한 것입니다.

그래서 우리 하나하나가 자기를 아무것도 아닌 것처럼 여기고 방치하면, 즉 무가치한 존재로 여기고 쓸모없는 존재로 여겨 버려서 하나님에게 사용되는 그 통로를 막아 버리면, 하나님께로부터 무궁무진하게 내려오는 축복을 다른 사람들에게 전달하는 것을 막아 버리는 방해꾼이 되기 때문에 그것은 무서운 죄악인 것입니다.

사도행전 10장을 꼼꼼히 읽어 보면, 하나님은 이상스럽게도 사람을 하나님의 축복을 전달하는 통로로 사용하신 것을 발견하게 됩니다. 하나님은 천사를 통해서 하시지 않았습니다. 천사가 고넬료에게도 나타났고 베드로에게도 나타났지만, 그 천사는 왜 직접 전달하지 않았을까요? 왜 하나님께서 직접 고넬료에게 그 축복을 전달하지 아니하시고 사람을 통해서 하셨는지 그 이유를 우리가 확실히 알 수는 없습니다. 이것은 신비로운 하나님의 비밀이며 계획입니다. 우리가 여러 가지 이유를 생각해 볼 수 있지만 어떤 한 가지만 확실한 대답이라고 단정할 수는 없습니다. 무엇인가 그것은 하나님의 비밀에 속하는 것인데, 여하튼 하나님은 사람을 통해서 이 비밀스러운 은혜를 전달하셨다는 것입니다. 하나님께서는 사람 즉 베드로를 통해서 고넬료에게 그 축복을 전달하신 것입니다. 이를 위해 고넬료는 베드로를 만나야 했고 그를 초청해야 했습니다. 베드로는 고넬료를 하나님 앞으로 인도하여 하나님의 축복을 받도록 하기 위해서 고넬료를 만나러 여행을 해야 했던 겁니다.

우리 그리스도인 한 사람 한 사람은 바로 주위에 있는 어떤 사람을 축복 가운데로 인도할 수 있는 통로로 사용하시기 때문에 그 사실을 믿고 그 통로 역할을 제대로 해야 되는 것입니다. 그렇기 때문에 우리 각 사람은 무궁무진한 가치를 지니고 있다는 것입니다. 우리에게 주신 이 가치는 자기 자신에 대해서 자만하고 교만하고 사람들 앞에 건방진 생각을 하라는 것이 아니라, 하나님께 귀중하게 사용될 수 있는 도구로서의 자신의 가치를 깨달으라는 것입니다. 정말 우리가 무엇인데 이런 큰 가치를 받았을까요? 이런 것을 생각해 보면 하나님 앞에 무슨 말로 어떻게 그 감사의 표시를 해야 될지 모를 지경입니다.

어떤 미국인 가족을 알게 되어 처음 그 집에 방문하였을 때 가족에 대한 질문을 했었습니다. "당신의 가족이 몇 명입니까?" 그 사람이 대답했습니다. "여섯입니다." 그런데 한두어 시간 이야기를 하면서 확인하게 된 가족 수는 다섯 명밖에 안 되었습니다. 여섯이라고 그랬는데 다섯 명만 있어서 의아하게 생각되었습니다. 그래서 다시 한번 물어봤습니다. "가족 한 명은 어디에 있습니까?" 그가 하는 말이, "저기에 있는 저 고양이가 나머지 하나입니다." 그 사람은 고양이까지 자기 식구로 계산을 하고 있는 것을 알았습니다. 이 고양이는 하나의 동물에 지나지 않는 존재이지만 그 집 주인은 그 고양이를 자기 식구로 여겼는데, 이것은 그 고양이가 그 집에서는 굉장히 소중한 가치가 있는 존재로 평가받고 있다는 것입니다.

하나님께서 말씀하시기를, 만물보다 부패한 것이 인간의 마음이라고 하셨습니다(참고, 예레미야 17:9). 다시 말하면 만물 중에서 가장 부패한 것이 우리의 마음이라는 말씀입니다. 그런 면에서는, 고양이보다도 보잘것없는 우리를 하나님께서는 자기의 축복의 통로로 사용해 주시기 때문에, 즉 성령의 은사를 주셔서 우리 각 사람을 사용해 주시기 때문에, 그런 사람 중 하나인 나는 하나님 앞에서 가치 있는 존재라는 것을 분명히 믿고 감사해야 됩니다. 하나님이 나를 가치 있게 평가해 주시면, 혹시 누가 나를 무시하고 누가 나를 아무것도 아닌 것으로 취급한다고 해서 실망하거나 억울할 필요가 없습니다.

내가 대학을 못 나왔어도, 내가 돈이 없어도, 내가 건강하지 못하거나 힘이 약하더라도, 혹은 내가 비록 지금 많은 곤경과 궁핍한 처지에 살고 있더라도, 이 모든 부정적인 상황에도 불구하고 하나님이 나를 가치 있게 여겨 주신다면, 나도 나에 대해서 가치 있게 봐야 하고, 또한 주위에 있는 한 사람 한 사람을 나와 마찬가지로 귀하게 여기고 그에게 하나님의 모든 축복을 나눠 주어야 하는 것입니다.

로마서 5:12에 보면, 아담이라는 한 사람의 불순종으로 말미암아 죄가 세상에 들어왔다고 했습니다. 이렇게 귀중한 사람으로 세워 놓은 이 아담 한 사람이 불순종함으로 말미암아 죄가 세상에 들어왔다니! 그런데 로마서 5:19에 보면, 한 사람이 순종치 아니함으로 많은 사람이 죄인 된 것같이, 한 사람의 순종하심으로 말미암아, 즉 우리 주 예수 그리스도의 이 놀라운 순종으로 말미암아 많은 사람이 의인이 된다고 하였습니다.

이와 같이 우리 한 사람 한 사람이 순종할 때 우리를 통해서 굉장히 많은 사람이 의롭다 함을 얻게 된다는 걸 생각하면서, 우리 각자의 가치에 대해서 다시 한번 실감할 줄 알아야 되고, 또한 우리가 영적으로 양육하고 있는 각 영혼 영혼에 대해서 정말 가치 있게 평가할 줄 아는 믿음이 있어야 하겠습니다. 과연 우리는 하나님이 보시는 그 가치대로 나 자신을 평가하고, 다른 사람을 평가하고 있습니까? 이 점에 대해 생각해 보면서 우리는 각자 많은 반성을 해야 할 줄로 압니다.

　예전에 우리 집이 이사한 이후에 여름 내내 굉장한 고통을 받은 적이 있습니다. 왜냐하면 그 집에 수돗물이 잘 안 나와서 밤에 거의 잠을 못 자면서 물을 받느라고 애를 먹은 것입니다. 그때 저희 집에 자주 드나든 사람들은 그것을 기억하고 있으리라 생각됩니다. 그런데 바로 집 앞 길에는 큰 상수도관이 지나고 있어서 물이 철철 나올 수 있는 여건인데도 불구하고, 옛날부터 오랫동안 쓰다 보니 수도관 속이 녹슬어 거의 막히게 된 상태에서 찔끔찔끔 나오는 그 물을 의지하고 살아야 하니 그런 고생을 했던 것입니다. 그래서 이 노후 수도관을 교체하는 공사를 하여 이제 그 앞에 있는 대형 수도관으로부터 다시 물을 끌어들였습니다. 그때부터 지금까지 물 걱정을 하지 않고 살게 되었습니다.

　우리 각 사람은 하나님으로부터 흐르는 이 넘치는 축복을 커다란 관을 통해 받고 전달해 줄 줄 아는 이런 개인 개인이 되어야 합니다. 우리는 하나님의 축복을 넉넉히 전달해 주는 그런 채널이 되어야 합니다. 그런데 그렇지 않고 영적으로도 그 수돗물처럼 몇 방울 찔끔찔끔 떨어지는 정도로 물이 나오고 하루에 한두 시간씩밖에 전달해 주지 못하는 그런 곳에다 뿌리를 박고 살고 있는 불쌍한 사람들이 우리들

중에도 있습니다. 이 세상의 무슨 지식이나 이론 등 세상에서 가치 있다고 생각하는 여러 가지 것을 남에게 열심히 가르치고 전달해 주는 것으로 자기가 굉장한 일을 하는 줄로 알고, 또 이런 것으로 자기 이름을 날려 보려고 하는 것은 사실상 하루에 한두 시간 몇 방울 물을 전달해 주는 노후한 수도관 정도의 역할밖에 못하는 것입니다. 이와 다르게 끊임없이 흐르는 하나님의 축복을 시원하게 전달해 주는 그런 주님의 제자의 삶을 살기 위해서 우리는 각자 자기 자신을 가치 있게 여기고 또 내 앞에 있는 수많은 영혼들을 가치 있게 여기고 그들에게 잘 전달해 주어야 합니다.

1967년 가을 어느 날 나는 건국대학교에서 한 학생에게 전도를 하고 있었습니다. 그 학생이 거의 영접을 하려는 순간 어떤 한 학생이 큰 소리로, "어이, 너 거기서 뭘 하고 있니?" 하며 접근하고 있었습니다. 그의 친구였습니다. 친구가 갑자기 다가오자 그는 놀라면서 벌떡 일어나려 해서 나는 그의 어깨를 잡고 "이것은 매우 중요하니 먼저 예수님을 영접하고 그 후 친구를 만나세요!" 했더니 순순히 예수님을 영접했습니다. 그리고 그 친구를 나에게 소개했습니다.

그래서 그에게도 복음을 전하려 하자, 그는 지금은 시간이 없고 자기는 오늘 친구를 만나러 이 학교에 왔으나 이 학교 학생이 아니고 서울대학교 사범대 학생이라고 말했습니다. 그러면서 날짜와 시간을 알려 주며 자기 학교에 찾아와 달라는 것이었습니다. 그래서 그렇게 하자고 서로 약속하고 헤어졌습니다.

그리하여 그와 약속한 날 서울사대에 가서 기다렸으나 어찌 된 일인지 그는 나타나지 않았습니다. 기다리다가 한 학생에게 메모한 노트를 보여 주며 "이런 학생을 만나러 왔는데 어떻게 만날 수 없을까요?" 물었더니, 그는 매우 친절하게 나를 데리고 교무과에 가서 물어본 후 강의실로, 도서관으로, 식당으로 나를 안내해 주며 열심히 함께 찾아봐 주는 것이었습니다.

한참 그를 따라 찾아다녔지만 그 학생은 만날 수 없었고, 주님께서는 내 마음속에 '바로 이 학생에게 전도하라!'라는 생각이 나게 해 주셨습니다. 그래서 "오늘 그는 학교에 오지 않은 것 같으니 그만 찾고 저와 잠시 얘기 좀 합시다" 하니, 그는 순순히 응해 줘서 그에게 복음을 전했고 그는 아무 거부감 없이 주님을 영접했습니다. 그의 이름은 김○호 씨였습니다. 그가 서울대의 첫 열매였습니다!

영접 후에 그는, "이렇게 축복된 복음을 내 친한 친구에게

도 전해 줄 수 있습니까?" 해서, "좋지요!" 했더니, "곧 데리고 올 테니 이 자리에서 기다려 주세요" 하고 갔습니다. 그리고 잠시 후 그는 친구를 데리고 왔습니다. 그의 친구에게 복음을 전하니 그도 아무 거리낌 없이 주님을 영접했습니다. 그의 이름은 이○재 씨였습니다.

이렇게 두 학생에게 예수님을 영접하게 도와준 후 감격과 감사하는 마음으로 그들에게 영적 성장의 중요성에 대해서 그리고 영적 성장을 위해 무엇을 어떻게 해야 할지를 권면해 주고 같이 기도하고 헤어졌습니다.

그때 국제 네비게이토 지도자 중 한 분이 한국에 방문 중이었는데, 그분과 다른 동역자들이 모인 자리에서, 나는 서울사대에서 있었던 일을 나누면서 다른 캠퍼스와 함께 서울대 캠퍼스에도 정기적으로 선교하러 가는 것이 어떻겠느냐고 건의했습니다.

그런데 미국에서는 최상위권 일류대 학생들의 경우 자신의 성취에 대한 우월감이 많고 말씀에 대한 믿음을 가지기보다 뛰어난 머리와 자기 생각을 주장하는 경향이 있어서 사역이 효과적이지 못하므로 지금 사역하고 있는 학교들에 더 집중하는 것이 좋겠다는 동역자 팀의 의견이 있었습니다. 그래서 더 이상 복잡한 생각을 하지 않고 그 의견을 따라서 서울사대에는 더 가지 않았습니다. 그러면서 몇 개월이 지나갔습니다.

그런데 이렇게 하는 것은 사람의 생각과 지혜일 뿐이었습니다. 1968년 2월 말 어느 날 버스를 타고 어디를 가고 있을 때 내 뒤쪽에서 "○○○ 씨 아니세요?" 하고 나를 부르는 목소리가 들려 돌아보니, '아니 세상에!' 그들은 바로 몇 달 전 서울사대에서 주님을 영접한 김○호, 이○재 두 학생이었습니다. 그 두 학생이 "그 후에 왜 안 오셨어요?" 하며 인사하는 것이었습니다. 너무나 반갑고 놀라워서 나는 그들과 같이 버스에서 내려서 서울사대로 갔고, 거기서 장시간 대화하다가 또 다른 학생들에게 전도도 하여서 그날로 네댓 명이 함께 모이는 그룹이 되었습니다.

뜨거운 마음으로 집으로 돌아와 기도하며 며칠을 보낸 후 스스로 생각하기를 얼마 동안 상황이 어떻게 되어 가는지 보면서 그들을 조용히 도와 보기로 했습니다. 두세 달이 지난 후 성경공부에 모이는 학생들이 많아지자 이제는 공식적인 결정을 해야겠다는 생각이 들어 동역자들 모임에서 이 상황과 사실을 다시 이야기하니, 그들도 이번에는 이것이 하나님의 인도하심인 것을 인정하고 동의하여서 1968년

5월부터 나는 다른 캠퍼스에는 가지 않고 오직 서울대 캠퍼스 사역에 집중하기로 공적인 결정을 했습니다.

> 사람이 마음으로 자기의 길을 계획할지라도 그 걸음을 인도하는 자는 여호와시니라. (잠언 16:9)

> 여호와께서 사람의 길을 정하시고 그 길을 기뻐하시나니. (시편 37:23)

그렇습니다. 서울대 캠퍼스 사역은 사람의 주도면밀한 계획으로 시작된 것이 아니라 하나님께서 열어 주셨고 오늘날까지 인도해 주셨습니다. 앞으로도 주님께서 친히 우리를 인도해 주심으로 주님께 귀히 쓰임받는 복음의 훌륭한 일꾼들이 계속 배가되어 나갈 것을 믿습니다. 아멘!

그 후 서울대가 관악산 아래에 종합 캠퍼스를 지어 옮기게 된다는 소식을 들었습니다. 그래서 형제들과 함께 공사 중인 서울대 캠퍼스에 가서 기도를 하기로 했습니다. 그때는 상도동까지만 버스가 다녔고 종점 이후로는 고갯길을 걸어서 관악 캠퍼스 부지까지 가야 했습니다. 관악산 밑 옹달샘에서 시원한 물을 마시기도 했었는데, 그때 콜레라가 한참 유행하고 있을 때였지만 아무 탈도 없었습니다. 다시 걸어 캠퍼스 부지가 아래로 내려다보이는 꽃동산까지 올라가 형제들과 한마음으로 미래의 서울대 선교를 위해 간절히 기도하는 시간을 가졌습니다.

특히 1969년부터는 하나님께서 캠퍼스 사역을 위해 주신 열왕기상 7:25의 말씀을 통해 깨닫게 해 주신 비전(Vision)을 사역에 믿음으로 적용하여 실천해 왔습니다. 솔로몬왕 때 성전 앞에 세운 '바다'(대형 물그릇)와 이를 받치고 있는 '12마리 소'와 그 '방향' 등의 형태를 묵상하며 다음과 같은 적용을 하게 되었습니다.

- 12마리 소: 주님의 일꾼(제자)
- 셋씩(4 by 3) 짝을 이룸: 팀웍(Teamwork)
- 4개의 방향(소의 머리를 동서남북으로 향함): 세계비전(World Vision)
- 바다: 하나님의 말씀(The Word of God), 복음

지금도 이 비전을 따라 사역을 지속하고 있습니다.

이렇게 하나님의 말씀을 믿음으로 주장하며 지금까지 캠퍼스 사역을 해 오는 과정에서 말로도 글로도 다 표현할 수 없는 엄청나고 놀라운 주님의 축복들과 인도하심을 경험했

습니다. 한마디로 간단히 표현한다면, "서울대 캠퍼스 사역은 주님께서 친히 이루셨다!"라고 말할 수 있습니다.

이렇게 하나님께서 친히 시작할 수 있게 해 주시고 인도해 주신 이 캠퍼스 사역에서 세월이 지난 지금 그 결과를 보면 수많은 주님의 제자와 헌신된 일꾼들이 배가되어 왔으며 앞으로도 더욱 놀라운 일들이 계속 일어날 것을 확신합니다. 하나님께서는 우리를 부르실 뿐만 아니라 친히 이루시는 분이시기 때문에(참고, 데살로니가전서 5:24), 우리는 그 부르심에 순종하여 따르기만 하면 하나님께서 친히 이루어 주시는 것입니다.

그래서 어떤 한 사람을 가치 있게 여기고 기도하고, 관심을 갖고 계속 기억하며 때에 맞게 필요를 도와 나갈 때에 그 사람을 통해서 하나님의 축복의 통로 역할이 정상적으로 이루어진다는 것을 믿어야 됩니다. 하나님은 아브라함을 개인적으로 불러서 사용하셨습니다. 모세를 개인적으로 불러서 사용하셨습니다. 통째로 많은 사람을 한꺼번에 불러 가지고 개인은 어떻게 되었는지 알지도 못하고 그냥 사용하신 것이 아니라 개인 개인을 불러서 사용하시는 것입니다. 하나님은 어떤 단체를 그냥 통째로 사용하시는 것이 아니라 우리 각 개인 개인을 사용하십니다. 그렇기 때문에 개인의 중요성에 대해서 우리는 확실히 믿어야 됩니다.

하나님은 기드온 개인을 부르셨습니다. 수많은 사람 중에 아무나 나와라 이렇게 한 게 아니라 기드온이라고 하는 한 사람 개인을 부르셨다는 것입니다. 하나님은 사무엘이라고 하는 한 사람을 개인적으로 부르셨습니다. 그와 같이 하나님은 우리 각 사람에게도 개인적 관심을 가지고 우리를 부르신다는 것을 알아야 됩니다. 나는 있어도 되고 없어도 되는 존재라고 생각해서는 안 됩니다. 내가 지금 양육하고 있는 A라고 하는 형제나 B라는 자매를 있어도 되고 없어도 되는 존재라고 생각해서는 안 되는 것입니다.

우리의 구원은 아무 요구 없이 대가 없이 거저 주시는 것입니다. 그러나 하나님의 귀한 제자로 따르는 일에는 비싼 값을 지불해야 되는데 그 가장 비싼 값은 사실상 자기의 가치, 또한 다른 형제 자매들의 가치, 곧 개인의 가치를 분명히 아는 것입니다. 이것이 지불해야 될 첫째 값입니다. 그것을 알면 세상의 모든 것을 버려도 아깝지 않게 됩니다. 그것을 알면 포기하지 않습니다. 그것을 알면 자기의 삶에 만족합니다. 매일매일의 삶이 힘 있게 이어지게 됩니다. 그러므로 개인 개인의 가치를 귀하게 여기고 살아가는 이런 믿음이 우리에게 있어야 하겠습니다.

4
종의 도
(Servanthood)

앞의 예화의 그림에서, 집을 지을 때 견고한 기초 위에 먼저 기둥 2개를 굳건하게 세우고 그 두 기둥 위에 대들보를 올립니다. 그리고 그 위에 2개의 구조물을 올려 집을 세웁니다. 여기에 필요한 것이 바로 2개의 서까래입니다. 2개의 기둥과 대들보 위에 튼튼하게 서야 될 그리스도인의 인격에 속하는 것이 서까래인데, 그 첫째 서까래는 종의 도(Servanthood)입니다. 예수님은 마가복음 10:45에서 이렇게 말씀하셨습니다.

> 인자의 온 것은 섬김을 받으려 함이 아니라 도리어 섬기려 하고 자기 목숨을 많은 사람의 대속물로 주려 함이니라.

주님께서 이 말씀을 통해서 자기 개인의 삶의 태도를 분명하게 우리에게 보여 주셨는데, 그것은 철저한 종의 태도입니다. 섬기려고 태어나셨고 또한 섬기시다가 마지막에는 자기 목숨까지 바쳐서 섬기신 것입니다.

우리가 앞에서 먼저 이야기한 세 가지 면, 즉 지상사명과 일꾼을 배가하는 일과 개인의 중요성을 잘 받아들이고 그것을 잘 알고 그것을 실행한다 할지라도, 이 종의 인격을 배우지 못한다면 그리스도의 몸 된 이 세계 전체 그리스도인들 앞에서 교만함으로 인해 거침돌의 역할밖에 하지 못하게 될 수 있습니다. 그렇기 때문에 우리는 이 종의 도를 정말 잘 배워야 합니다. 바울은 고린도후서 4:5에서 이렇게 말씀하고 있습니다.

우리가 우리를 전파하는 것이 아니라 오직 그리스도 예수의 주 되신 것과 또 예수를 위하여 우리가 너희의 종 된 것을 전파함이라.

이 말씀에서 종의 도는 두 가지 면에서 아주 중요한 연관성이 있는 것을 볼 수 있습니다.

첫째는, 종의 도는 복음을 전파하는 것과 직접적인 관계가 있습니다. "우리가 우리를 전파하는 것이 아니라 오직 그리스도 예수의 주 되신 것과…." 예수 그리스도가 우리를 구원하신 주님이시라는 복음을 전하는 것, 곧 나는 예수님을 주님으로 따르는 종이라는 것을 인정하고 주님의 복음을 전하는 종이 되어야 합니다. 또한 복음을 잘 전파하는 일은 바로 자기 자신을 자랑하여 나타내거나 자기 자신의 어떤 것을 전파하는 것 같은 교만한 생각에서는 되지 않으며 겸손하게 다른 사람을 복음으로 구원받도록 섬기려고 하는 종의 태도에서부터 시작되는 것입니다. 사실상 이 복음은 말로만 전파되는 게 아닙니다. 이 복음 전파는 성경 지식으로만 되는 것이 아니라, 하나님 앞에서나 사람 앞에서나 아주 정상적인 종의 인격을 갖췄을 때에 복음의 역사가 일어나는 것입니다. 고린도전서 9:19을 읽어 보겠습니다.

> 내가 모든 사람에게 자유하였으나 스스로 모든 사람에게 종이 된 것은 더 많은 사람을 얻고자 함이라.

바울은 복음을 위해서 많은 사람의 종이 되었다고 했습니다. 많은 사람의 종이 되었다는 것은 어떤 사람에게 그저 쩔쩔매고 비위를 맞추고 타협하여, 그냥 그들이 하라는 대로 하는 것이 아닙니다. 도둑질을 하라든 악을 행하라 하든, 불의와 불법을 행하라 하든, 관계없이 무조건 그렇게 하라는 것이 아닙니다. 즉 말씀의 진리를 무시하면서까지 다른 사람의 종처럼 따르라는 말이 아니라, 진실된 마음으로 그들을 섬기고 그들의 참필요를 도우려고 하는 고귀한 인격과 태도를 의미하는 것입니다. 그의 이와 같은 인격이 사도행전 27장과 28장에 잘 나타나 있습니다.

사도 바울은 지금 가이사에게 송사하기 위해서, 즉 재판을 받기 위해서 로마로 호송되어 가는 중이었습니다. 그는 죄 없이 무죄한 사람이었지만 죄인처럼 사슬에 매여서 죄수 명단에 이름이 올라 체포되어 가고 있는 중이었습니다. 그런데 배를 타고 가는 도중에 심한 풍랑이 일어났습니다. 배는 난파될 지경이 되고 많은 사람이 열나흘을 굶주리는(참고, 사도행전 27:33) 등의 고통을 받았습니다. 그런 가운데서 사도 바울은 음식을 가져다가 그들을 먹여 주고 그들을 믿음으로 격려하고 하면서 사람들을 섬겼습니다. 이제 배가 멜리데섬에 도착했을 때 바울은 여기저기 다니면서 나무들을 주워 모아 가지고 불을 피워서 많은 사람들을 따뜻하게 해 주는 일도 했습니다.

그는 사실 자유의 몸도 아니고 스스로도 매우 피곤한 상태인 데다 그런 일 하지 않는다고 해서 누가 뭐라고 하지도 않을 텐데, 그는 다른 사람을 섬기려고 하는 인격을 가졌기 때문에 자기 몸이 너무도 피곤한데도 불구하고 열심히 섬겼습니다. 그 결과 그 섬에 복음의 문이 활짝 열렸습니다. 섬기는 인격은 이처럼 복음과 직접적인 관계가 있습니다. 우리 각 사람의 직장 내에서, 또는 가정에서, 친구 사이에서 이런 인격을 갖출 때에 사람들은 우리에게 마음의 문을 열고 우리가 전하는 복음을 받아들이게 되는 것입니다.

둘째로, '우리가 너희의 종 된 것'을 전파한다고 했습니다(고린도후서 4:5 하반절). 이것은 다른 사람을 세워 주는 것입니다. 다른 사람을 세워 주는 일은 바로 섬기는 인격이 없이는 이루어질 수가 없는 것입니다.

모든 어머니들은 어린아이의 종입니다. 여러분들이 유심히 살펴보면 그들은 철저한 종노릇을 하고 있는 것을 알 수 있습니다. 어린아이가 보채면 자다가도 일어나 젖을 먹여야 되고, 기저귀 갈아 주고 그것을 빨아 말리고 등등 아침부터 밤새도록 쉴 사이 없이 종노릇하는 것을 볼 수 있습니다. 이 어머니가 한 아이의 종이 되지 않는 동안 이 어린아이는 건강한 아이로 자랄 수가 없는 것입니다. 이와 같이 우리가 한 영혼 한 영혼에 대해서 종노릇을 하지 않고는 그 영혼이 제대로 세워질 수가 없습니다. 주님의 제자로 성장할 수가 없는 것입니다.

빌립보서 2:6-11에, 예수님께서 우리를 얻기 위해서 어떠한 종의 태도를 보이셨는지를 잘 기록하고 있습니다. 예수님은 하나님과 동등한 하나님의 본체이시지만 그것을 버리시고 우선 이 땅에 오셨습니다. 예수님이 이 땅에 오셨다는 그 자체가 바로 종의 태도를 보여 주신 것입니다. 그러나 이 땅에 오셨을 뿐만 아니라 가장 천한 곳에 나시고 가장 힘들고 고생스러운 삶을 사시고 또 가장 비참한 죽음으로 죽어 주셨습니다. 이처럼 놀라운 종의 인격으로 말미암아 우리가 예수님을 믿고 구원받게 된 것입니다. 예수님이 굉장하신 전지전능하신 하나님이시기 때문에 여러분들이 예수님 앞에 처음에 나왔습니까? 오히려 그것은 나중에 깨달은 사실이고 예수님의 그 사랑, 예수님의 섬기는 종의 인격, 이것 때문에 예수님께 나오게 된 것 아닙니까? 그러므로 우리도 사람을 주님께로 인도하고 그를 주님의 제자로 세워 주기 위해서는 종의 태도를 가져야 됩니다.

그런데 우리는 어떤 특별한 환경에서는 이런 종의 태도로 잘 섬길 수가 있다는 생각도 듭니다. 어떤 수양회 기간 동안이라든가, 혹은 생활 훈련관 생활이나 선교관 훈련 등 미리 특정하게 지정된 상황에서는 섬기는 일을 상당히 잘할 수가 있습니다. 그러나 내가 어려운 환경 가운데 있는 그런 때도 과연 나는 종의 태도를 가지고 있는가? 예를 들면, 영적 지도자가 나를 강하게 훈련할 때라든지, 또 내가 아주 배가 고플 때, 내 몸이 피곤할 때 등 그런 때도 여전히 종의 태도를 가지고 있는지? 내가 지금 내일이 시험을 봐야 될 때인데 그런 때도 나는 종의 역할을 하고 있는가?

    미국의 앨라배마에 부커 워싱턴이라고 하는 대학교수가 있었는데, 이 사람은 흑인이었습니다. 이 사람이 하루는 백인들이 살고 있는 어떤 마을 앞을 지나갔습니다. 그는 그 마을 앞길로 빨리 지나가야 늦지 않게 도착하여 자기가 맡은 강의를 할 수 있었습니다. 그래서 가능한 대로 빨리 가기 위해서 평소에 잘 지나가지 않던 백인들이 살고 있는 그 마을 앞의 이 지름길로 가게 된 것이었습니다. 그런데 거기에 아주 부유한 한 백인 부인이 그를 불렀습니다. 그 부인은 흑인을 아무렇게나 취급하는 듯이 불러서, "여보시오. 이리 좀 오시오!" 하고 불렀습니다. 이 교수는 그 부인에게 갔습니다. "내가 지금 아주 바빠서 그러는데 이 장작을 좀 패 주시오. 그러면 참 고맙겠소." 그는 뜻밖이었지만 "예, 그렇게 하죠"라고 대답하고는 웃통을 벗고 아주 빠른 동작으로 장작 몇 개를 쪼갠 다음 그것을 두 팔로 안고 부엌에까지 날라다 주었고, 그러고 난 다음에 손을 털고, "안녕히 계십시오" 하며 인사하고 가려고 할 때, 부인은 "잠깐만 기다리시오" 하더니 돈 2달러를 세어 그의 호주머니에다 넣어 주면서 "안

녕히 가시오" 하고 인사했습니다.

그는 그것을 사양하면서 괜찮다고 하자 그 부인은 또 자꾸 받으라고 그랬습니다. 그래서 그는 결국 돈을 받고, "감사합니다"라고 인사를 하고 서둘러 갔습니다. 그런데 그 집에 그 상황을 지켜보고 있던 가정부가 있었는데, 그는 흑인 여성이었습니다. 흑인끼리는 서로 잘 알기 때문에 그랬는지 대학교수를 알아봤습니다. 그래서 주인마님에게, "아, 저분이 부커라고 하는 유명한 대학교수인데 그런 분에게 그렇게 할 수 있습니까?"라고 말했습니다. 그러자 백인 부인은 깜짝 놀랐습니다. 그래서 그 이튿날 학교에 찾아갔습니다. 찾아가서 사과를 했습니다. "제가 당신을 몰라보고 어제 무례히 행했는데 용서해 주십시오." 이분이 껄껄 웃으면서, "그거 뭐 즐거움으로 제가 했을 뿐입니다. 그 덕분에 제가 적당한 운동을 해서 시간이 조금 늦기는 했지만, 강의를 즐겁게 잘 마쳤습니다. 그래서 부인께 아주 감사합니다."

그는 이런 말을 자기가 멋있는 인격을 가진 사람인 체하기 위해서 한 것이 아니라 실제로 그렇게 즐기고 살았습니다. 그렇게 다른 사람을 섬기는 것을 아주 즐거움으로 알고 살았습니다. 그 결과 이 부인이 너무나도 감명을 받아 가지고, 나중에 자기 재산의 반이나 되는 엄청난 돈을 그 학교에

다 기증했다고 했습니다. 남을 섬기는 사람만이 무엇인가를 얻게 되는 것입니다.

그러면 이 종의 태도를 배우고 또한 종의 태도를 실천하기 위해서 우리가 무엇을 해야 하는지에 대하여 몇 가지 생각해 보겠습니다.

첫째, 빌립보서 2:5에 있는 말씀과 같이 주님의 마음을 배워야 합니다. 왜냐하면 주님은 바로 섬기는 인격, 누구와도 비교할 수 없는 놀라우신 섬김의 인격을 가지고 계시기 때문에 그분의 마음을 품고 배워야 하는 것입니다.

둘째, 조금 전에 한 예화로 말씀드린 그 사람과 같이 자기가 한 일을 자랑하지 말고 마땅히 할 일로 알고 해야 됩니다. 누가복음 17:10에서 분명하게 가르쳐 주십니다.

> 이와 같이 너희도 명령받은 것을 다 행한 후에 이르기를 "우리는 무익한 종이라 우리의 하여야 할 일을 한 것뿐이라" 할지니라.

셋째, 참된 종은 섬김의 값을 원치 않는 태도를 가져야 됩니다. 요한복음 13:13-16을 읽어 보겠습니다.

13너희가 나를 선생이라 또는 주라 하니 너희 말이 옳도다. 내가 그러하다. 14내가 주와 또는 선생이 되어 너희 발을 씻겼으니 너희도 서로 발을 씻기는 것이 옳으니라. 15내가 너희에게 행한 것같이 너희도 행하게 하려 하여 본을 보였노라. 16내가 진실로 진실로 너희에게 이르노니 종이 상전보다 크지 못하고 보냄을 받은 자가 보낸 자보다 크지 못하니.

사랑에는 어떤 대가를 요구하는 것이 없습니다. 그저 아무것도 기대하는 것 없이 상대방을 섬기게 되는 것입니다. 위 요한복음 13:13-16은 우리가 너무나도 잘 알고 있는 말씀입니다. 예수님께서는 식사하시다 마시고 제자들에게 이르러 베드로를 비롯하여 한 명씩 한 명씩 모든 제자들의 발을 씻어 주셨습니다. 그렇게 하시고 나서 그들에게 가르치신 것이 무엇이었느냐 하면, "내가 너희에게 행한 것같이 너희도 행하게(사랑으로 섬기도록) 하려 하여 본을 보였노라"라고 하셨습니다. 발을 씻어 주고 나서 "내가 너희를 사랑한 것같이 너희도 나를 이렇게 섬겨라"라고 말씀하신 것이 아니라, "내가 이렇게 섬긴 것처럼 너희들끼리도 서로 사랑으로 섬기라"라고 하셨습니다. 과연 나는 내 주위에 있는 사람들에게 이와 같이 아무 대가 없이 사랑으로 섬기는 삶을 살고 있습니까?

넷째, 다른 사람의 필요를 잘 살펴볼 줄 알아야 됩니다. 잠언 20:12 말씀을 읽어 보겠습니다.

듣는 귀와 보는 눈은 다 여호와의 지으신 것이니라.

하나님께서 이렇게 우리의 듣는 귀를 지으셨고 보는 눈을 지으셨는데, 그 이유가 곧 듣고 보아서 다른 사람의 필요를 깨닫도록 하기 위해서 그렇게 하신 것입니다.

그래서 남의 필요를 잘 알기 위해 '관찰 훈련'(observation training)을 잘하면 다른 사람을 더 잘 섬길 수가 있습니다. 그렇지 않으면 오히려 남을 섬기는 것보다는 귀찮게 하는 일을 더 많이 할 때가 있습니다. 어떤 형제 중 한 사람이 농담 삼아서 이야기하는 것을 들은 적이 있습니다. 그 형제가 생활 훈련관 생활을 하고 있었습니다. 그런데 어느 날 저녁 먹은 것이 어떻게 잘못되어서 배탈이 났습니다. 밤새도록 참아 보았는데 아침까지도 배가 아팠습니다. 그런데 형제들에게 폐를 끼치지 않도록 티를 내지 않기 위해서 아무렇지도 않은 듯이 아침 밥상에 앉아서 먹고 있었는데, 속이 불편하여 다 먹을 수가 없어서 조금 남겼습니다. 그러자 여러 형제들이, "아 그것 다 먹어야지 왜 남기냐?"라고 말했습니다. 그래서 또 다른 형제들에게 부담을 주지 않도록 하기 위해서 그걸

다 먹었습니다. 그러고 나니까 또 이제 누룽지가 좀 남았습니다. 옆에 인도자인 선배가 그를 사랑한 나머지 밥그릇에다 쏟아 주면서 말했습니다. "이것도 마저 더 드시지요."

이렇게 그것을 준 사람은 사랑으로 줬지만 상대방에게 그것은 굉장한 고역이었습니다. 그래서 누구를 그냥 무조건으로 사랑한다고 해서 그 사람에게 도움이 되는 것이 아니라, 잘 관찰할 줄 알아야 되므로 듣는 귀와 보는 눈을 여호와께서 지으신 것입니다. 각 개인 한 사람 한 사람의 필요를 잘 살펴서 해야 됩니다. 죽은 나무에다가 비료를 아무리 주어 봐야 비료만 버리게 되는 것처럼 우리가 무엇을 전달해 준 것으로 만족하는 것이 아니라 전달한 그것이 그에게 과연 얼마나 필요하고 도움이 되는 것인지를 우리가 살필 줄 알아야 되는 것입니다.

다섯째로, 중보의 기도를 많이 해야 합니다. 디모데전서 2:1-3에 보면, 여러 사람들을 위해서 우리가 중보의 기도를 할 것을 가르치고 있습니다.

> [1]그러므로 내가 첫째로 권하노니, 모든 사람을 위하여 간구와 기도와 도고와 감사를 하되 [2]임금들과 높은 지위에 있는 모든 사람을 위하여 하라. 이는 우리가 모든 경건과 단정한 중에 고

요하고 평안한 생활을 하려 함이니라. ³이것이 우리 구주 하나
님 앞에 선하고 받으실 만한 것이니.

이 중보 기도는 우리가 다른 사람에 대해서 관심이 있을 때에 하기도 하지만, 또한 관심이 없어도 중보 기도를 하면 없던 관심이 새롭게 생기게 됩니다. 그렇기 때문에 우리는 중보 기도를 열심히 하면 남의 필요를 채워 주려고 하는 관심이 생기고 그것 때문에 실제적으로 섬기는 종의 인격을 배우게 됩니다.

여섯째는, 아주 작은 봉사에도 충성하는 종이 되어야 됩니다. 누가복음 16:10을 읽어 보겠습니다.

지극히 작은 것에 충성된 자는 큰 것에도 충성되고, 지극히 작은 것에 불의한 자는 큰 것에도 불의하니라.

지극히 작은 것에 충성된 자는 무엇에도 충성되다고 하셨습니까? 큰 것에도 충성되다고 하셨습니다. 또 지극히 작은 것에 불의한 자는 무엇에도 불의하다고 하셨습니까? '이 작고 시시한 것을 불의하게 행했지만 그 정도야 봐줄 수 있겠지?'라고 생각하며 넘길 수 있을까요? 천만의 말씀입니다. 그런 작은 것에 불의한 사람은 큰 것에도 불의한 것입니다.

어떤 형제를 보면 아무것도 아닌 사소한 것을 아주 지혜롭게 충성스럽게 잘하는 것을 볼 때가 있습니다. '저까짓 거 아무것도 아닌 걸 한 거 가지고 뭐 그렇게 칭찬할 게 있을까? 특별히 감사할 게 있을까?' 이렇게 생각할지 모르지만, 그런 작은 일에 충성하는 그 사람이 굉장한 일, 큰일에도 충성할 수 있는 사람이 되는 것입니다. 그래서 작은 일도 봉사의 기쁨을 가지고 할 줄 아는 종이 되어야 한다는 이런 말을 우리가 너무나도 자주 들어왔습니다. 그럼에도 불구하고 사실상 우리의 삶은 그것과 거리가 먼 것을 자백할 때가 자주 있습니다.

화가가 그린 커다란 그림이 있다면, 그런 큰 그림은 붓에 물감을 듬뿍 묻혀 한꺼번에 푹푹 그려서 되는 게 아닙니다. 조그만 점 하나하나를 세심하게 찍고 부분 부분을 계속 칠해 나갈 때 그 결과로 그렇게 큰 그림이 되는 것입니다. 한꺼번에 갑자기 그런 큰 그림이 되는 것이 아닙니다. 그래서 조그만 점 하나를 잘못 찍으면 그 그림을 버릴 수도 있습니다. 눈동자를 그리는데 붓이 아무렇게나 지나가면 눈처럼 됩니까? 잘못되는 것입니다. 여러분들이 색종이를 이용하여 모자이크 그림을 그리는 것을 학교 다닐 때 해 봤을 것입니다. 이 조각 하나하나 떼어서 붙여 가는데 그 점 조각 하나가 대단히 중요한 것입니다. 그것처럼 섬기는 인격을 배우는 데에도 매일매일 순간순간 일어나는 삶, 아무것도 아닌 것처럼 여겨지기 쉬운 그러한 삶을 충성스럽게 살 때에 주님의 종의 인격을 배우게 되는 것입니다.

일곱 번째, 자기 일은 자기가 잘 처리할 줄 아는 사람이 되어야 됩니다. 남의 일만 잘 도와준다고 해서 종이 아닙니다. 남의 일만 해 주다가 정작 자기 일은 못하여 산더미같이 밀려 있게 되면 그것 때문에 결국 다른 사람들의 도움을 받게 되어 남에게 큰 부담을 주는 결과가 된다면 그건 올바른 종의 태도가 아닙니다. 그래서 자기 일은 자기가 잘 처리하는 사람이 되어야 합니다.

5
탁월성
(Excellence)

다섯 번째 기초적인 신념 그것은 바로 무엇이든지 탁월한 수준으로 하는 것입니다. 사람이 가장 아름답게 보이는 때는 탁월하게 무엇을 이루려고 노력하는 때입니다. 그 모습은 대단히 고귀하게 보입니다.

나는 예전에 서대문구 대신동에서 한 7년 정도 살다가, 연남동으로 이사하고 대략 1년 정도의 기간에 집을 두 번이나 옮기면서 집수리를 굉장히 자주 했던 적이 있습니다. 그 당시 여러 인부들과 업자들을 만나 상대하면서 마음에 큰 부담과 도전이 된 것은 그들 중에는 이 탁월성이 부족한 사람들이 많았던 것 때문이었습니다. '아니, 사람들이 정말 저럴 수가 있을까? 어떻게 일을 저렇게 형편없게 하지? 무엇을 하든지 탁월한 수준으로 하려고 하지 않다니!' 저의 마음에 굉장히 짐이 되었습니다. 일꾼들 중에는 일을 맡겨 놓으면 그저 그럭저럭 시간만 보내고 돈만 많이 받기를 원하지 열심히 탁월하게 하려고는 하지 않는 사람들이 있는 것입니다. 그리고 이것이 영적인 삶에도 이렇다면 얼마나 하나님께서 슬퍼하실까 하는 생각이 들었습니다.

어떤 해에는 살고 있는 방을 전부 뜯어 가지고 바닥을 새로 놓았는데 몇 개월도 안 되어서 방바닥이 다시 꺼진 적도 있었습니다. 그래서 한 형제하고 나하고 그것을 수리하느라고 아주 애를 많이 먹었습니다. 왜 그런 일이 생겼느냐 하면 공사 맡은 사람들이 탁월한 자세로 일을 하지 않았기 때문입니다. 본인들에게도 별로 즐거움이 되지 못하고 다른 사람에게도 폐를 끼치는 것이 바로 이 탁월한 수준으로 살지 않는 것입니다. 우리가 하나님 앞에서 맡은 이 영적인 일을 탁월한 수준으로 하려고 하지 않을 때는 잘못된 결과가 영적인 일에도 일어난다는 것을 명심해야 합니다.

1975년 7월에 나온 소식지인 네비게이토 로그(Log)를 보면 당시 네비게이토의 국제 회장인 론 쎄니 선교사님이 이 탁월성에 대해서 글을 쓴 것이 나옵니다. 거기에 한 예화로 기록하고 있는 내용이 아주 나에게 큰 도전이 되었는데 그것을 여러분에게 소개하겠습니다.

어느 날 이 론 쎄니 선교사님이 어느 교회 모임에 강사로 초청받아 참석하게 되었습니다. 그곳 저녁 집회가 6시부터 시작하는데 6시 15분이 지나도록 사람들이 아무도 안 나타나는 것이었습니다. 네비게이토의 국제 회장인 론 쎄니 선교사님을 초대해 놓고 시작 시간이 15분이 지나도 사람이 안 오는 것이었습니다. 그러더니 그때부터 한두 명씩 오더니 서서히 모여들었고, 나중에는 결국 자리가 다 차기는 찼습니다.

사회자가 앞에 먼저 온 사람들을 이렇게 한번 바라보더니 일어섰습니다. 일어서서 하는 말이, "찬송가 있습니까? 몇 장을 부를까요?" 그러니까 어떤 사람이 "예, 몇 장 합시다." "자, 그러면 반주할 사람이 필요한데 누가 나와서 반주 좀 해 주시겠습니까?" "A 자매님이 피아노를 칠 줄 아니까 좀 나와서 반주 좀 해 주십시오." 그러자 그 자매가 사양을 했습니다. 그러자 그 사회자는, "그러면 B 자매님도 칠 줄 아니까 좀 나와서 쳐 주십시오." "저도 싫습니다." 그래서 두 사람이 한참 옥신각신한 후에 결국 한 사람을 택하여 반주하기로 했습니다. 그래서 이제 피아노 반주에 따라 찬송을 했습니다. 그리고 난 후에는 광고를 하며 질문하기를, "다음 주에 만찬회가 있는데, 그때 메뉴를 어떤 종류로 하면 좋겠습니까?" 하고서는 한참 그 앞에서 그런 회의를 하고 메뉴를 짜고 그렇게 한 후에 그제야 론 쎄니 선교사님을 소개했습니다. "오늘 저녁 강사님은 론 쎄니 씨입니다!"

그분이 왜 이런 예를 들었느냐 하면 이런 집회에 하나님의 성령의 역사가 일어나겠느냐 하는 것입니다. 중요한 집회를 탁월한 준비가 없이 이런 식으로 소홀하게 준비하는 것은 부끄러운 일인 것입니다. 한번은 어느 선교사님이 지방에 가서 그곳 팀에서 메시지를 전하려고 앉아 있었습니다. 그런데 그 팀의 지도자도 위의 사례와 유사하게 그런 준비가 없었습니다. 모여 앉아 있는 참석자들에게 지도자가, "누구 특송할 사람 없습니까?"라고 물었습니다. 아무도 없었습니다. 한참 동안 잠잠하니까 그 지도자가 굉장히 무안했던 것 같습니다. 그러더니 결국 그 지도자는 말했습니다. "자 그럼 우리 다 같이 특송합시다." 그래서 전체가 특송을 하였습니다.

그래서 앞에서 예로 든 것과 같이 모임을 앞두고 사전에 철저하게 준비하지 않고 그 모임을 이렇게 아무렇게나 진행하면 안 되는 것입니다. 우리는 이런 모임 준비뿐만 아니라, 우리 개인 삶의 모든 일에서 과연 탁월한 수준으로 살려고 노력하고 있는지, 우리는 여러 영역에서 얼마나 탁월한 수준인지 스스로를 잘 살피고 진단해 보아야 됩니다.

첫째, 그리스도인의 기본적인 삶(Basic Life)에서 과연 나는 탁월한가? 우리가 수양회에서나 개인 교제를 통해 자주 강조하는 주제 중 하나는 바로 그리스도인의 기본적인 삶과 기본적인 신념에 착념하는 것인데, 우리 각자 이에 대해 평가해 보아야 합니다. 과연 나는 나의 기본 삶에 탁월한가, 중간 수준인가, 전혀 그렇지 않은가? 사도행전 2:42-47을 한번 읽어 보겠습니다.

42저희가 사도의 가르침을 받아 서로 교제하며 떡을 떼며 기도하기를 전혀 힘쓰니라. 43사람마다 두려워하는데 사도들로 인하여 기사와 표적이 많이 나타나니, 44믿는 사람이 다 함께 있어 모든 물건을 서로 통용하고 45또 재산과 소유를 팔아 각 사람의 필요를 따라 나눠 주고, 46날마다 마음을 같이하여 성전에 모이기를 힘쓰고 집에서 떡을 떼며 기쁨과 순전한 마음으로 음식을 먹고 47하나님을 찬미하며 또 온 백성에게 칭송을 받으니, 주께서 구원받는 사람을 날마다 더하게 하시니라.

사도들과 초대교회의 수많은 성도들이 얼마나 이 기본적인 삶에 탁월한 수준으로 살았는지 생생하게 기록한 말씀을 우리가 지금 읽었습니다. 그들은 하루이틀이 아니라 날마다 탁월한 수준으로 기본적인 삶에 충성을 다했습니다. 그 결과 그들은 정말 풍성한 영적인 열매를 얻게 되었던 것입니다.

둘째로, 나의 마음이 주님 앞에서 또 사람 앞에서 탁월한가?

무릇 지킬 만한 것보다 더욱 네 마음을 지키라. 생명의 근원이 이에서 남이니라. (잠언 4:23)

자기의 마음을 제어하지 아니하는 자는 성읍이 무너지고 성벽이 없는 것 같으니라. (잠언 25:28)

이 두 말씀에서도 선명하게 가르쳐 주고 있는 것은 하나님께서는 우리 마음이 늘 탁월한 수준을 지향하기를 원하고 계신다는 것입니다.

셋째로, 내가 하고 있는 주님의 일에서 과연 탁월한 수준으로 하고 있는가?

6관제와 같이 벌써 내가 부음이 되고 나의 떠날 기약이 가까왔도다. 7내가 선한 싸움을 싸우고 나의 달려갈 길을 마치고 믿음을 지켰으니, 8이제 후로는 나를 위하여 의의 면류관이 예비되었으므로 주 곧 의로우신 재판장이 그날에 내게 주실 것이니, 내

게만 아니라 주의 나타나심을 사모하는 모든 자에게니라. (디모데후서 4:6-8)

부지런하여 게으르지 말고 열심을 품고 주를 섬기라. (로마서 12:11)

이스라엘아, 네 하나님 여호와께서 네게 요구하시는 것이 무엇이냐? 곧 네 하나님 여호와를 경외하여 그 모든 도를 행하고 그를 사랑하며 마음을 다하고 성품을 다하여 네 하나님 여호와를 섬기고. (신명기 10:12)

위 디모데후서 말씀에서는 의의 면류관을 얻고자 사모하는 마음과 믿음으로 달려갈 길을 끝까지 마치기를 원했고, 로마서 말씀에서는 열심을 품고 주님을 섬기라고 하였으며, 다음에 신명기 말씀에서는 여호와 하나님을 섬기는 이 사역에서 우리는 마음과 성품을 다해야 할 것을 말씀하셨습니다.

넷째, 대인 관계에서도 탁월해야 됩니다.

¹⁴너희를 핍박하는 자를 축복하라. 축복하고 저주하지 말라. ¹⁵즐거워하는 자들로 함께 즐거워하고 우는 자들로 함께 울라. ¹⁶서로 마음을 같이하며 높은 데 마음을 두지 말고 도리어 낮은 데 처

하며 스스로 지혜 있는 체 말라. ¹⁷아무에게도 악으로 악을 갚지 말고 모든 사람 앞에서 선한 일을 도모하라. ¹⁸할 수 있거든 너희로서는 모든 사람으로 더불어 평화하라. ¹⁹내 사랑하는 자들아, 너희가 친히 원수를 갚지 말고 진노하심에 맡기라. 기록되었으되 원수 갚는 것이 내게 있으니 내가 갚으리라고 주께서 말씀하시니라. ²⁰네 원수가 주리거든 먹이고 목마르거든 마시우라. 그리함으로 네가 숯불을 그 머리에 쌓아 놓으리라. ²¹악에게 지지 말고 선으로 악을 이기라. (로마서 12:14-21)

지금 어떤 사람과 개인적으로 좋지 않은 관계 가운데 있지는 않습니까? 이 말씀의 교훈은 무엇입니까? 이렇게 탁월한 수준으로 사는 사람에게 원수가 있을 수가 없습니다. 이런 사람을 미워하는 사람이 있겠습니까? 이런 사람을 무시할 사람이 있겠습니까? 문제는 내가 탁월한 수준으로 살지 않는 데에 있는 것입니다.

다섯째, 성장의 태도에서 우리는 탁월하게 하고 있는지 살펴봐야 됩니다.

충성된 자는 복이 많아도 속히 부하고자 하는 자는 형벌을 면치 못하리라. (잠언 28:20)

이 말씀은 물론 세상을 살아가는 일뿐만 아니라 영적인 일에서도 다 마찬가지로 적용된다고 생각합니다. 갑자기 부해지려고 하는 것, 벼락부자가 되어 보려고 하는 것처럼, 영적인 성장에 있어서도 갑자기 혜성처럼 나타나서 유명한 하나님의 종으로서 군림하고 싶어 하는 것, 이러한 태도는 탁월한 것이 아닙니다. 매일매일 자기를 꾸준히 성장시켜 나가는 사람, 부지런히 자기를 쳐서 복종시키고 하나님의 말씀 가운데 뿌리를 박고 주님과의 교제와 형제 자매들과의 교제와 기타 모든 기본적인 그리스도인의 삶에서 한 걸음 한 걸음씩 꾸준히 성장해 나가는 그런 사람이 되어야 합니다.

이뿐만 아니라 골로새서 3:17에 보면, 위에서 이야기한 영역들 외에 범사에 탁월해야 된다고 했습니다.

또 무엇을 하든지 말에나 일에나 다 주 예수의 이름으로 하고, 그를 힘입어 하나님 아버지께 감사하라.

그리스도인은 사람들에게 형편없는 사람으로 간증을 보여 주는 것이 아니라 탁월한 사람으로 간증을 나타내야 합니다. 직장에서든 가정에서든 어느 곳에서든지 간에, 또 그리스도인의 교제 안에서도 우리는 서로가 탁월한 존재로서 나타나야 하겠습니다. 우리의 말, 행동, 모든 일에서 그리스도의 이름으로 하는 사람, 즉 그리스도의 이름에 합당한 그러한 말, 그러한 일을 하고, 그러한 삶을 사는 사람이 바로 범사에 탁월한 수준의 삶을 유지하고 있는 사람입니다.

특송을 할 때도 정말로 탁월한 마음 자세로 해야 합니다. 그리스도인의 어떤 모임에서 앞에 나와서 사회를 할 때도 탁월한 자세로 해야 됩니다. 우리가 설교 말씀을 전하는 것뿐만 아니라 설교를 들을 때도 탁월한 수준으로 해야 합니다. 여러 사람들 앞에서 스킷을 할 때도 마찬가지입니다. '이거 뭐 장난하는 것처럼 하는 거니까 적당히 해도 되겠지?' 그래서는 안 됩니다. 모임에서 어떤 팀이 나와서 손을 흔들면서 열심히 찬송을 하는데 그중에 두어 명이 적당히 하고 있으면 그런 것은 여러 사람에게 덕이 되지 않는 것입니다.

우리는 무엇을 하든지 탁월한 마음 자세로 해야 되는 것입니다. 하나님께서 무엇을 맡기시든지 감사함으로 적극적으로 하는 그 사람이 아름다운 것입니다. 뒤로 빠지거나 마지못해서 하거나, 열심히 하는 다른 사람을 도리어 비판적으로 보고 자신은 방관하고 있는 것은 아름다운 모습이 아닙니다. 하나님은 그런 사람을 사용하지 않으십니다.

그런데 이 탁월성이란 기술에 있는 것이 아닙니다. 기술보다는 마음의 태도를 말하는 겁니다. 그 사람의 기술이 얼마나 탁월한가보다 그 사람의 마음의 태도가 과연 얼마나 탁월한가가 문제입니다. 느헤미야가 이스라엘 백성들을 이끌고 예루살렘의 훼파된 성을 다시 중건해 나갈 때에 그들에게는 굉장한 기술자는 별로 없었습니다. 그들은 다만 처음 해 보는 일이지만 하나님에 대한 열심과 자기 민족을 사랑하는 탁월한 정신으로 말미암아 정성껏 성을 지었습니다. 그랬을 때 도비야와 산발랏은 이스라엘 백성이 성 짓는 것을 보면서, 그들의 건축술도 별 볼일 없고 아무것도 아니라면서 그들을 비웃고 비꼬았습니다. "야, 너희들이 하고 있는 일이 뭐냐? 여우가 올라가도 무너져 버리겠구나!"(참고, 느헤미야 4:3).

그들이 근거 없이 이스라엘 사람을 약 올리기 위해서 그렇게 말한 것이 아니었습니다. 아주 튼튼한 성을 과학적으로 잘 짓고 있는데, 그런 무시하는 말을 한다고 해서 그것이 뭐 속이 상하고 부끄럽고 두려울 일은 없습니다. 그러나 그들은 진짜 남에게 조롱받을 정도로 별것 아닌 기술을 가지고 있었기 때문에 기술 면에서는 그런 얘기를 들을 만한 그런 수준이었습니다. 그러나 그들의 정신은 탁월했습니다. 기술은 부족했지만 그들의 정신 자세는 정말로 탁월한 수준이었습니다. 그렇기 때문에 그 백성들이 기술도 별 볼일 없고 물자가 넉넉하지도 않았지만 커다란 성을 완성할 수 있었던 것입니다.

우리가 하나님 앞에서 별로 가진 게 없는 사람들이고, 보잘것없고, 유명하지 못하고, 나이도 아직 젊은 사람들일지라도, 하나님 앞에서 우리 각자의 마음의 태도가 이와 같이 탁월한 수준을 갖추고 살면 하나님께서 우리 각 사람을 통해서 이 땅 위에 놀라운 역사를 일으키시는 것입니다.

만일 누가 말하려면 하나님의 말씀을 하는 것같이 하고, 누가 봉사하려면 하나님의 공급하시는 힘으로 하는 것같이 하라. 이는 범사에 예수 그리스도로 말미암아 하나님이 영광을 받으시게 하려 함이니, 그에게 영광과 권능이 세세에 무궁토록 있느니라. 아멘. (베드로전서 4:11)

이것이 곧 최선의 수준으로 사는 삶, 무엇을 하든지 정말로 내 속에 있는 모든 것을 총동원해서 그것을 최선으로 해보려고 하는 것, 이것이 하나님을 기쁘시게 하는 것입니다. 이러한 탁월한 정신이 없이는 지상사명(Great Commission)이 이루어질 수가 없고, 일꾼 배가(Multiplying Laborers)를 하는 일이 일어날 수가 없으며, 개인의 중요성(Importance of Individual)을 실천할 수가 없고, 또한 섬기는 일(Servanthood)에도 성공할 수가 없는 것입니다.

우리가 무슨 일을 맡았든지, 현재 팀을 이끄는 지도자든지 또는 지도자가 아니든지, 심지어 갓 구원받은 사람이든지 관계없이, 우리의 지금의 태도가 탁월할 때는 하나님이 그 사람을 사용하시는 것입니다. 성경을 공부할 때 특별히 인물 공부를 한번 유의해서 해 보시길 바랍니다. 하나님께서 개인적으로 불러서 쓰신 그 수많은 인물들을 잘 살펴보면 개인 개인은 부족한 것이 많이 있지만 그들의 마음의 태도가 탁월했기 때문에 사용하신 것을 알 수 있습니다. 모세를 잘 보십시오. 기드온을 잘 보십시오. 정말로 탁월한 사람이었습니다. 예수님께서 베드로나 요한을 그냥 즉흥적으로 선택하셨겠습니까?

누가복음 5장을 보면 어느 날 예수님께서 바닷가에 서서 한 곳을 유심히 바라보셨습니다. 어부들이 일하는 곳이었는데, 그중에서 베드로라고 하는 사람이 그물을 씻는데 아주 부지런히 다른 사람들과 달리 유난히 열심히 하고 있는 것을 보셨습니다. 그날 고기를 하나도 잡지 못했지만, 그래서 다른 사람들은 실망해서 아마도 투덜거리고 있었는데, 베드로는 그런 가운데서도 적극적인 태도로 무엇을 하고 있는 것을 예수님께서 보시고, '이 사람이다!' 하시며 그를 택하신 것이라고 생각합니다. 예수님께서 다시 그물을 내려 고기를 잡으라고 하셨을 때, 베드로는 밤이 마치도록 수고해도 고기를 잡지 못한 자기 경험을 끝까지 주장하지 않고 "말씀에 의지하여 내가 그물을 내리리이다"(5절) 하고 순종했습니다. 그 결과 6절을 보면 그물이 찢어질 정도로 엄청나게 고기를 많이 잡게 되었습니다.

우리 한 사람 한 사람이 다른 사람과 비교해서 무슨 새로운 기술, 새로운 지식, 새로운 방법 등을 좀 더 많이 알려고 애쓰기보다는, 하나님 앞에서 마음의 태도를 탁월하게 유지한다면 그런 사람을 하나님께서 쓰십니다. 지도자가 나를 사랑해 주지 않는 것 같고, 사람들이 나를 무시하는 것 같거나, 또는 팀 전체가 나를 인정해 주지 않는 것 같든지, 어떤 사람과 나는 마음이 영 맞지 않는 것 같다든지 이런 것이 문제가 되는 것이 아닙니다. 문제는 이런저런 모든 상황에서 내가 하나님 앞에서 이러한 탁월한 수준으로 내 마음을 지켰느냐 하는 데 있는 것입니다.

마지막으로, '매일 점검'(Daily Checking)할 것을 제안합니다. 매일 이 탁월한 수준으로 살도록 하기 위해서 매일 점검할 것 일곱 가지를 각자가 지금부터 1년 동안 실천해 보시기를 권합니다.

첫째, 자기의 부족에 대해 열등의식으로 빠져 들어가지 말고 하나님을 의뢰하는 믿음을 기초로 삼고 있는가? 우리 모두는 다 뭘 하려고 하면 부족함을 느낍니다. 어느 누구도 처음 시작할 때 자신감 가지고 하는 사람은 별로 없습니다. 우리 중 음악을 전공하는 사람도 있을 텐데 자기가 비록 음악을 전공한다 하더라도 모임에서 앞에 나와서 무엇을 하려고 할 때 자신감 갖고 합니까? 일일이 물어보지는 않았지만 아마 틀림없이 자신 없이 할 때가 많을 것입니다.

자기에 대해서 자신감이 있는 사람보다는 부족을 느끼는 사람이 더 많지만, 부족을 느끼는 것이 문제가 아니라 그것 때문에 열등감에 빠지고 뒤로 처지는 것이 문제입니다. 그렇게 하지 않고 그 부족한 것을 오히려 발판으로 삼아 하나님을 의뢰하고 믿음으로 그것을 길러 나가려고 하는가? 빌립보서 4:12-13, 갈라디아서 5:16 말씀을 주장해 보시기 바랍니다.

> 내가 비천에 처할 줄도 알고 풍부에 처할 줄도 알아 모든 일에 배부르며 배고픔과 풍부와 궁핍에도 일체의 비결을 배웠노라. 내게 능력 주시는 자 안에서 내가 모든 것을 할 수 있느니라. (빌립보서 4:12-13)

내가 이르노니 너희는 성령을 좇아 행하라. 그리하면 육체의 욕심을 이루지 아니하리라. (갈라디아서 5:16)

둘째로, 내가 하고 있는 일에 발전(progress)이 있는가?

이 모든 일에 전심전력하여 너의 진보를 모든 사람에게 나타나게 하라. (디모데전서 4:15)

"이 모든 일에 전심전력하여…." 나의 발전을 모든 사람 앞에 나타나게 하라는 말씀입니다. 나는 내가 하고 있는 일에 발전이 있는가?

셋째, 무엇을 맡았든지 전심으로 하고 있는가?

왕이 벨드사살이라 이름한 이 다니엘의 마음이 민첩하고 지식과 총명이 있어…. (다니엘 5:12)

다니엘은 마음이 민첩하여 총리들과 방백들 위에 뛰어나므로 왕이 그를 세워 전국을 다스리게 하고자 한지라, 이에 총리들과 방백들이 국사에 대하여 다니엘을 고소할 틈을 얻고자 하였으나 능히 아무 틈, 아무 허물을 얻지 못하였으니, 이는 그가 충성되어 아무 그릇함도 없고 아무 허물도 없음이었더라. (다니엘 6:3-4)

여기에 다니엘의 마음이 민첩하다고 했는데, 원어에서 이 단어는 '탁월하다, 뛰어나다, 비범하다' 등의 의미를 가지고 있습니다. 그래서 영어 성경에는 마음이 탁월하다(excellent)고 번역하고 있습니다. 그는 마음이 탁월한 사람이었습니다.

무릇 그 행하는 모든 일 곧 하나님의 전에 수종드는 일이나 율법이나 계명이나 그 하나님을 구하고 일심으로 행하여 형통하였더라. (역대하 31:21)

이 구절은 히스기야왕에 대한 기록인데, 이 히스기야왕은 하나님 앞에서 왕으로서 해야 될 모든 일에 그것이 무엇이든지 탁월한 마음으로 일을 했다고 했습니다.

넷째, 나는 오늘 일을 오늘 마쳤는가? 그것이 자기 직업의 일이든지, 죄의 문제든지, 대인 관계의 문제든지, 누구를 용서하는 문제든지, 누구에게 찾아가서 감사해야 할 일이든지, 무엇이든지 그날 내가 마땅히 해야 될 일을 그날 했는가?

너는 내일 일을 자랑하지 말라. 하루 동안에 무슨 일이 날는지 네가 알 수 없음이니라. (잠언 27:1)

내일 일을 자랑하고 내일 하겠다고 미루는 사람은 탁월한 사람이 되지 못합니다. 그날 일은 그날 해야 됩니다. 오늘 할 일을 내일로 미루며 내일은 어떻게 되겠지 그렇게 생각하지 말고 오늘 일은 오늘 해야 합니다.

오직 오늘이라 일컫는 동안에 매일 피차 권면하여 너희 중에 누구든지 죄의 유혹으로 강퍅케 됨을 면하라. (히브리서 3:13)

그래서 오늘이라고 일컫는 그날, 어제든 오늘이든 내일이든, 그 시점에서 자기 죄의 문제든지, 매일 해야 될 일이든지, 무엇이든지 그날 마쳐야 하는 것입니다.

다섯째, 내가 한 일에 자책되는 일은 없는가? 자기가 무슨 일을 해 놓고 자기 가슴을 치면서 '내가 왜 그렇게 실패를 했던가? 그때 내가 조금만 생각을 달리했더라면 괜찮았을 텐데. 나는 그것이 옳은 줄 알고 했는데 왜 이렇게 했던가?' 하고 생각하면서 자기를 자책하는 그러한 일이 없이 살 수 있어야 되는 것입니다.

네게 있는 믿음을 하나님 앞에서 스스로 가지고 있으라. 자기의 옳다 하는 바로 자기를 책하지 아니하는 자는 복이 있도다. (로마서 14:22)

어떤 사람이 복이 있습니까? 자기가 옳다고 생각했던 그것이 결과적으로 보니까 옳은 일이 못되면 자책하게 됩니다. 그러므로 옳다고 생각했던 그 일이 마지막 결과에서도 옳은 일로 나타나 후회가 없고 자책하는 일이 되지 않는 그러한 삶을 사는 사람이 바로 탁월한 삶입니다. 그래서 과연 나는 오늘 내가 한 일에 자책할 것이 없는지 매일 살펴봐야 됩니다.

여섯째, 다른 사람들이 나를 탁월한 사람이라고 일반적인 평가를 하고 있는가? 물론 순간순간은 혹은 부분적으로는 잘못하는 게 있겠지만 일반적으로나 전체적으로 볼 때 탁월한 사람이라는 평가를 받고 있습니까?

타인으로 너를 칭찬하게 하고 네 입으로는 말며, 외인으로 너를 칭찬하게 하고 네 입술로는 말지니라. (잠언 27:2)

일곱 번째, 다른 사람뿐만 아니라 하나님께서도 나를 탁월하다고 평가하고 계신다고 내가 믿을 수 있는가?

폐하시고 다윗을 왕으로 세우시고 증거하여 가라사대 "내가 이새의 아들 다윗을 만나니 내 마음에 합한 사람이라. 내 뜻을 다 이루게 하리라" 하시더니. (사도행전 13:22)

> ⁷⁰또 그 종 다윗을 택하시되 양의 우리에서 취하시며 ⁷¹젖양을 지키는 중에서 저희를 이끄사 그 백성인 야곱, 그 기업인 이스라엘을 기르게 하셨더니, ⁷²이에 저가 그 마음의 성실함으로 기르고 그 손의 공교함으로 지도하였도다. (시편 78:70-72)

이 말씀들이 다 이스라엘의 왕이며 하나님의 종인 다윗에 대한 기록입니다. 하나님께서는 다윗에 대해서 바로 이 말씀에서처럼 탁월한 사람이라고 평가해 주셨습니다. 이것은 얼마나 행복스러운 일입니까? 그래서 내가 이 세상을 마치는 날 하나님께서 나를 "너는 정말로 탁월한 사람이었다!"라고 하시는 이러한 평가를 받도록 하기 위해서, 내가 무엇을 해야 할 것인가를 살펴보면서 나 자신을 고쳐 나가야 될 줄 압니다. 그래서 이 일곱 가지를 책상 앞에 써 놓고 매일 기도하며 자기를 점검해 보시길 바랍니다.

✳ ✳ ✳

우리는 예수 그리스도와 성경 말씀을 든든한 반석으로 해서 이 다섯 가지의 기본 신념을 골격으로 삼아 우리 삶을 세워 나가야 합니다. 이것이 바로 그리스도 제자의 삶의 근간이며 우리의 신조입니다. 여기에 대해서 과연 나는 확신을 가지고 있는가? 여기에 대해서 나는 정말 매력을 느끼고 있는가? 이 다섯 가지에 나의 삶을 바치는 것이 가장 가치 있다고 믿는가? 이것을 진단하는 것이 아주 현명합니다. 그렇지 않으면 주님 안에서 우리가 풍성함을 누리지 못하고 또 참된 행복과 즐거움을 누리지 못합니다.

우리의 일생 동안 형제 자매들과의 교제 안에서 함께 일꾼 된 자로서, 또 함께 그리스도의 군사 된 자로서 형통하는 사람이 되기 위해서, 이 다섯 가지 면에서 자기 자신이 잘 세워지고 있는가를 기도 가운데 살펴보시길 바랍니다.

그리스도 제자의 다섯 가지 기본 신념

초판 1쇄 발행 : 2025년 2월 20일
초판 2쇄 발행 : 2025년 9월 15일

펴낸곳 : 네비게이토 출판사 ©
주소 : 03784 서울시 서대문구 연희로 16 (창천동)
전화 : 334-3305(대표), 334-3037(주문), FAX : 334-3119
홈페이지 : http://navpress.co.kr
출판등록 : 제10-111호(1973년 3월 12일)
ISBN 978-89-375-0667-3 03230

본 출판사의 서면 허락 없이는 본서의 전부 또는
일부의 무단 복제, 또는 원문에 대한 무단 번역을 금합니다.